À toi! 4

Carnet d'activités

Mit Kompetenztrainer für die DELF-Prüfung B1

Deine **Audios** findest du hier:

1. Gehe auf scook.de.
2. Gib den unten stehenden Zugangscode in die Box ein.
3. Hab viel Spaß mit den Audios.

Dein Zugangscode auf
www.scook.de | zyvg8-xvr7c

Cornelsen

À toi! 4
Carnet d'activités

Im Auftrag des Verlages erarbeitet von:
Catherine Mann-Grabowski, Walpurga Herzog

und der Redaktion Französisch
Sophie Ortiz-Vobis, Nicole Abt (Bildassistenz)

Umschlaggestaltung und Layoutkonzept: werkstatt für gebrauchsgrafik, Berlin
Layout und technische Umsetzung: Rotraud Biem, Berlin
Illustrationen: Laurent Lalo
Umschlagfoto: Hintergrund © Corbis GmbH / Eurasia Press / Steven Vidler; vorne rechts © iStockphoto / apomares

Symbole und Verweise

- Hörtext online
- **Differenzierung:**
- leichtere Übung
- anspruchsvollere Übung
- Sprachmittlungsübung
- 31|1 Hier passt S. 31, Übung 1 im Lehrbuch.
- Partnerarbeit
- Gruppenarbeit
- DELF Diese Übung eignet sich besonders für die Vorbereitung auf die DELF-Prüfung
- Réviser Wiederholungsübung

www.cornelsen.de

Die Mediencodes enthalten ausschließlich optionale Unterrichtsmaterialien;
sie unterliegen nicht dem staatlichen Zulassungsverfahren.

Alle Drucke dieser Auflage sind inhaltlich unverändert
und können im Unterricht nebeneinander verwendet werden.

Druck: Athesiadruck GmbH

Schülerheft: ISBN 978-3-06-020308-6 2. Auflage, 4. Druck 2021
Lehrerfassung: ISBN 978-3-06-520447-7 2. Auflage, 1. Druck 2015

PEFC/18-31-166
PEFC zertifiziert
Dieses Produkt stammt aus nachhaltig bewirtschafteten Wäldern und kontrollierten Quellen.
www.pefc.de

I: Entraînement aux Dossiers 1–5

II: Entraînement au DELF-B1

III: Cahier de solutions

Dossier 1

Réussir sa vie, ça veut dire quoi?

Approches

10–11 **1 a** **Comment est-ce qu'on parle de l'avenir? Relie.**

On réussit	1	a	une trace.
Je voudrais être	2	b	un monde meilleur pour mes enfants.
Je voudrais laisser	3	c	sentir bien dans ma peau.
Je voudrais construire	4	d	toujours mieux à plusieurs.
Je voudrais me	5	e	célèbre et qu'on m'admire.

1 **b** **Des jeunes parlent de leur avenir. Note pour chaque photo la bonne phrase de a. Il y a une phrase en trop.**

a 
© Fotolia / Marco Govel

b 
© Fotolia / Syda Productions

c 
© Fotolia / saje

d 
© Fotolia / pio3

10–11 **2 a** **Tu veux parler de ton avenir. Note les verbes et leurs compléments. Il y a plusieurs solutions.**

être avoir laisser rêver vivre devenir réussir

sa vie (privée) une trace en couple utile un travail intéressant à l'aise heureux de réussir la vie qu'on choisit des amis riche et célèbre ___

____

____

____

____

____

____

b **Trouve pour chaque verbe un autre complément. Écris dans ton cahier.**

9|5 **c** **Comment vois-tu ton avenir? Qu'est-ce qui compte pour toi? Écris trois phrases. Utilise les mots de a et de b.**

Moi, je voudrais avoir un travail intéressant.

____

____

____

____

13|2–3 **1** **À ma place, qu'est-ce que tu ferais? Complète le tableau avec les formes des verbes à l'infinitif et au conditionnel.** ▸ Verbes, p. 130–133

wollen/mögen	ich möchte	vouloir	je voudrais
___	ich ___	aimer	___
___	ich könnte	___	___
___	du ___	avoir	___
___	ich ___	___	je réfléchirais
machen	er ___	___	___
___	ich ___	___	je serais
___	sie ___	partir	___
___	ich würde nehmen	___	___

2 13|3, 5 **Tu (A) aimerais faire de l'escalade et tu en parles à ton/ta corres (B). Il/Elle te donne son avis et des conseils. Préparez vos rôles puis faites le dialogue à deux. Utilisez le conditionnel. Puis échangez les rôles.** ▸ Repères, p. 22/1

A: Sage, dass / Frage, ob

1. Sage, dass du in diesem Sommer gern klettern würdest. Frage, ob **B** Lust hätte, mitzukommen. *(cet été / adorer / un stage d'escalade / avoir envie / venir)*

(2. **B:** Tu ne devrais pas faire un truc pareil! Moi, j'aurais trop peur!)

3. Sage, dass du gern deine Grenzen kennen und überschreiten möchtest. *(vouloir / connaître / dépasser / limites)*

(4. **B:** Sans entraînement, tu ne devrais pas prendre un risque pareil!)

5. Frage, was **B** an deiner Stelle machen würde. *(à ma place / faire?)*

(6. **B:** À ta place, je réfléchirais encore un peu et je ferais un stage de rap! C'est moins difficile!)

B: Sage, dass / Frage, ob

(1. **A:** Cet été, j'adorerais faire de l'escalade. Est-ce que tu aurais envie de venir avec moi?)

2. Sage, dass **A** so etwas nicht tun sollte und dass du zu viel Angst hättest! *(devoir / un truc pareil / avoir peur)*

(3. **A:** Non! Moi, je voudrais connaître mes limites et les dépasser.)

4. Sage, dass **A** ohne Training nicht ein solches Risiko eingehen sollte. *(sans entraînement / ne jamais prendre / risque pareil)*

(5. **A:** À ma place, qu'est-ce que tu ferais?)

6. Sage, dass du an seiner/ihrer Stelle noch ein bisschen überlegen und lieber einen Rapkurs machen würdest, weil es weniger schwer ist. *(à ta place / réfléchir / encore un peu / stage de rap / moins difficile)*

14 **1 a Lis le texte de ton livre, p. 14 et trouve les mots ou les expressions utiles pour parler de l'engagement.**
▶ **Les mots pour le dire, p. 205/5**

1. Lust haben sich zu engagieren ______________________
2. Firmen anprangern ______________________
3. länger überlegen ______________________
4. als Freiwillige/r arbeiten ______________________
5. Brunnen bauen ______________________
6. Trinkwasser verbrauchen ______________________
7. Das lohnt sich! ______________________

b Faites une liste / un associogramme avec les mots et les expressions utiles pour parler de l'engagement. Utilisez les mots de a, ceux des textes, p. 10, 12 et 14. Échangez vos listes et posez-vous des questions.
▶ **Les mots pour le dire, p. 205/5**

2 a Tu connais déjà beaucoup de verbes en *-ir*. Mais comment les conjuguer? Note les verbes à l'infinitif dans le tableau. ▶ **Verbes, p. 130–133**

pourrait court agissions sommes venus avons choisi ai découvert sens voudrait réfléchis avons applaudi agis

Nachdem du die Verben zugeordnet hast, überprüfe und wiederhole ihre Konjugation.
▶ Verbes, p. 130–133

-ir comme *finir* ! nous finissons	*-ir* comme *sortir* ! nous sortons	verbes irréguliers
______	______	______
______	______	______

b Lucas a participé à la course des héros. Complète avec les verbes de a au présent, passé composé, impératif et conditionnel présent. ▶ **Verbes, p. 130–133**

Le mois dernier, j'__________ de participer à la course des héros. C'est un projet où il s'__________ de gagner de l'argent pour une association de notre quartier. Il y avait un poster au collège: «Vous __________ aider les autres? Vous vous __________ responsable? Alors, ne __________ plus et __________!» Alors, je me suis inscrit. Courir, c'est ma passion. Je m'entraîne tous les jours. Normalement, on __________ toujours ensemble, mon copain Victor et moi. Cette fois, il n'__________ pas __________ avec moi mais il __________ notre équipe pendant toute la course. Avec ce projet, nous

________ la solidarité. Maintenant, je ________ continuer à m'engager!

Comme ça, je ________ peut-être changer les choses!

c **Discutez et expliquez à deux le choix du temps/mode des verbes de b.**

Réviser **3** **a** **Pour améliorer ton style, utilise des adverbes. Retrouve les adverbes correspondant aux adjectifs.**
▶ Repères, p. 22/2

15|3

vrai solidaire inutile actif intelligent facile long

1. vrai → vraiment

____

b **Stéphane présente l'association où il s'engage. Rends son texte plus vivant en le complétant avec les adverbes de a.**

1. «1001 fontaines» est une association intéressante qui veut agir ________ contre le problème de l'eau potable.
2. Pendant nos réunions, on ne discute jamais ________ et chacun participe ________.
3. C'est important parce que, quand on organise un projet ________, on peut avoir ________ du succès.
4. J'ai présenté l'association dans ma classe et on m'a ________ interrogé. Ça montre que beaucoup de jeunes veulent s'engager mais ne savent pas ________ comment faire.

4 **a** **Avant, Matéo ne s'engageait pas. Décris sa vie quotidienne à l'imparfait.**

1. faire / souvent / du shopping
2. choisir / longuement / ses fringues
3. lire vite les étiquettes
4. ne pas consommer / intelligemment
5. ne pas réfléchir / longuement / aux conditions de travail
6. ne pas faire bien attention

© Fotolia / gb

1. Avant, il faisait souvent du shopping.

b **Maintenant, Matéo s'engage pour «Éthique sur l'étiquette» et beaucoup de choses ont changé. Fais des phrases. Utilise** *plus/moins/aussi* **+ adverbe +** *que* **et le verbe au présent.** ▶ Repères, p. 23/3

15|3

1. Maintenant, il fait moins souvent du shopping qu'avant.

c **Et pour toi? Qu'est-ce qui a changé depuis l'année dernière? Écris trois phrases à l'imparfait puis trois autres phrases avec le comparatif de l'adverbe.**

1 a Rire rend heureux! Alors, rions! Complète ce poème avec les formes du verbe *rire*. ▶ Verbes, p. 133

Matin et soir, idées bleues ou noires,
Moi, je ______.
T'as des potes rigolos, tu te sens bien dans ta peau,
Alors, ______ fort et haut!
Parce que dans la vie, c'est bon d'avoir des amis
Avec qui on ______ toujours ______. !

Nous, notre passion, c'est le bonheur,
Nous ______ même de nos malheurs!
Vous, au ciné, pendant la récré,
Est-ce que vous ______?
Et nos parents, à quinze ans,
Est-ce qu'ils ______ souvent?

b La vie, ce n'est pas toujours rigolo. Dessine le symbole qui correspond (☺ ☹).

☐ rire ☐ rigolo ☐ courageux ☐ costaud ☐ le courage
☐ avoir de la force ☐ fort ☐ solidaire ☐ rigoler
☐ la tristesse ☐ pleurer ☐ sourire ☐ le malheur
☐ le bonheur ☐ heureux ☐ malheureux ☐ avoir de la chance
☐ le sourire ☐ le rire ☐ content ☐ triste
☐ chanceux ☐ joyeux ☐ se sentir bien ☐ se sentir mal dans sa peau

c Raconte à ton partenaire trois expériences que tu as vécues. Comment est-ce que tu t'es senti/e? Utilise les mots de **b**. ▶ Les mots pour le dire, p. 206/10

2 Qu'est-ce qui est intéressant? Fais des phrases.

C'est intéressant de/d'	faire	prendre un nouveau départ
C'est difficile/facile de/d'	(ne pas) avoir	avec ses amis
C'est sympa de/d'	(ne pas) devoir	fier de ___
C'est génial de/d'	essayer de	une longue carrière
C'est dur de/d'	rire	plaire à ___
C'est important de/d'	(ne pas) être	___
___	___	

C'est difficile de faire une longue carrière dans le cinéma.

3 a Omar Sy, un acteur au top! | Authentische Texte im Radio stellen dich vor besondere Herausforderungen. Nähere dich dem Tempo langsam an. Höre zu. Welche Orte hörst du? Kreuze an.

2 ▶ 17|2

Oreste	Trappes	Paris	Vienne	Afrique	Lons	France	Caen	Pax	Hollywood

3 **b** Höre noch einmal zu. Die Orte werden nun betont. Welche Wörter deuten darauf hin, dass es sich um Orte handelt? Besprecht euch zu zweit.

____

____

4 **c** Höre nun den nächsten Abschnitt. Welche Wörter werden betont? Welche Information geben sie dir? Markiere sie.

> Omar Sy aime beaucoup rire dans la vie et dans son travail, comme Jamel Debbouze, son super pote. Tous les deux se connaissent depuis qu'ils sont enfants et même s'ils sont très différents, ils partagent beaucoup de choses: ils viennent du même quartier et sont allés dans le même collège. Et aujourd'hui, ils font le même métier! Et sans Debbouze, Omar ne serait pas l'acteur célèbre qu'on connaît aujourd'hui.

d Lies zuerst den Abschnitt und setze Wortgrenzen. Markiere auch die Satzgrenzen.

> Omarsyaunecarrièrevraimentétonnanteaudébutilafaitdessketchs etaracontédesblaguesàlaradioavecsoncopainfredensuiteilatravaillé pourlatélévisionetlethéâtreilafaitaussiducinémaetatournéen1997 sonpremierfilmmaisc'esten2011grâceaufilmintouchablesquiremporte unsuccèsmondialqu'ilvadevenirtrèscélèbre.

5 **e** Hör nun zu und setze dort die Grenzen, wo der Sprecher eine Pause macht. Was fällt dir auf?

6 **f** Écoute encore une fois le portrait d'Omar Sy et note les bonnes réponses.

DELF
L 17|2

1. Omar Sy et Jamel Debbouze se sont rencontrés

a ☐ sur une scène de théâtre **b** ☐ pendant une émission de radio **c** ☐ au collège de leur quartier

2. Omar Sy a joué dans

a ☐

Réalisation: Nakache/Toledo, 2011 © action press

b ☐

Réalisation: Cantet, 2008 © action press/Everett Collection, Inc. New York

c ☐

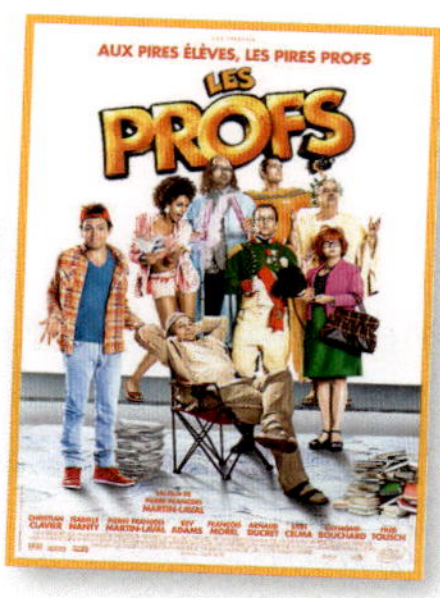

Réalisation: Martin-Laval, 2013 © action press/Collection Christophel

3. Le reporter se demande si Omar Sy est

a ☐

© Fotolia/Benjaminet

b ☐

© Fotolia/M. Schuppich

c ☐

© Fotolia/M. Schuppich

4. Sa femme et lui ont

a ☐ deux enfants **b** ☐ quatre enfants **c** ☐ trois enfants

1 a Ouvre ton livre à la page 18. Lis le vocabulaire pour parler d'Internet et prépare un exercice pour ta classe. Pense aussi à noter les solutions. ▶ Les mots pour le dire, p. 205/4

L 18

b Jim est tout le temps connecté, Léa préfère sortir avec ses copines. Écris en français ce qu'ils pensent. ▶ Les mots pour le dire, p. 205/4

1. Ich brauche kein Handy.
2. Wir sind oft vom Handy abhängig.
3. Handys sind praktisch, aber sie haben auch Nachteile.
4. Nichts kann meinen Computer ersetzen.
5. Ohne Netz bin ich verloren.
6. Ich bin mehrere Stunden am Tag online.
7. Mein Handy ist wie ein Tagebuch für mich.

© Fotolia / Photographee.eu

L 19|3–4 **2** Noémie a participé à une expérience. Elle a passé une semaine sans son portable. Elle raconte. Fais les phrases. ▶ Repères, p. 23/4 et 23/5

1. pas / D'abord / ne / participer. / voulais / je

____

2. Mais / rien / je / peur de / ai / n' / dans la vie.

____

3. voulais / ne / Et puis, / je / être dépendante. / plus

____

4. connectée! / je / n' / plus / donc / étais / Tout à coup,

____

5. ne / jouer / pouvais / D'un côté, / ni / je / en ligne. / ni / chatter

____

6. personne / et / De l'autre, / rien / ne / ne / m'appelait! / me dérangeait

____

7. Finalement, / n' / ni / a été / cette / ni / dure / expérience / risquée.

____

3 ▶ 19|5

Avec Internet et les portables, il y a des avantages et des désavantages. Prépare tes arguments. Retrouve d'abord les débuts de phrases puis complète-les. ▶ Les mots pour le dire, p. 211/25

Quand Sans réseau, D'un côté Par contre, À mon avis, D'après À ta place, De l'autre, ___	je mes parents mon/ma meilleur/e ami/e on Internet ___	ne ... pas/ plus/rien	permettre de avoir besoin de répondre à pouvoir acheter ___	ni ... ni	les textos un portable chatter être connecté ___	qui ___ parce que ___ tout de suite ___ ___

4 a ▶ 19|5–6

Tu veux réagir sur un forum. Pour préparer ton texte, retrouve les expressions et complète le tableau dans ton cahier. ▶ Apprendre à apprendre, p. 19/5

1 nul c'est! **2** raispour tu **3** de sayees **4** siaus moi, meblèpro memê le eu j'ai
5 visa mon nerdon draisvou je **6** vraisde tu **7** toi veca cordd'ac (pas) suis (ne) je
8 técô d'un, trel'au de mais **9** vas faire tu mentcom pas sais ne je
10 meblèpro ton prendscom je **11** penddé ça **12** cepla ta à **13** que dreprencom dois tu

a tu réagis	**b** tu parles de ton expérience personnelle	**c** tu donnes ton avis / tu argumentes	**d** tu donnes un conseil

b **Maintenant, lis le commentaire de Gentur 14. Complète le message de Lola 15 avec les expressions de a.**

Au secours! Ce matin, mon portable a sonné pendant le cours et j'ai dû le donner au prof! C'est jeudi et il me le faut absolument avant le week-end! Aidez-moi! **Gentur 14**

© Fotolia / Myimagine

Salut Gentur 14,

Ton prof t'a pris ton portable! ______________________ *!*

____

et vraiment, ______________________________

______________________ *pour tenir jusqu'au week-end. Parce que* ______________________ *,*

grâce au portable, on ne s'ennuie jamais, mais ______________________ *, tous les portables*

de la classe qui sonnent en même temps, c'est l'horreur! ______________________ *, j'en*

parlerais au prof. Et surtout, ______________________ *rester calme! Ton prof n'est pas un*

monstre. Ça devrait marcher! Bonne chance et à plus! Lola 15

Fais le point!

Vocabulaire

1 **Complète les phrases.**

1. Cette entreprise s'engage pour de meilleures ______________________ de travail.
2. Tu veux changer le monde? Deviens membre de notre ______________________.
3. Tout ce qui se mange, c'est de la ______________________.
4. Quand on fait une ______________________, on demande aux gens leur avis.
5. Grâce au portable, je suis toujours en ______________________ avec ma corres.

2 **Trouve des mots de la même famille.**

1 ______________________ → le participant / la participante

2 courir → la ______________________

3 respecter → ______________________

4 ______________________ → l'humour

5 travailler → ______________________

6 partir → ______________________

3 **Je vais faire une crise! Retrouve les noms des sentiments[1]. Note-les avec l'article défini.**

1 heur bon

2 fi ce con an

3 te hon

4 s pa on si

5 heur mal

6 ti ce pa en

7 pl sir ai

[1] **le sentiment** das Gefühl

Le comparatif des adverbes

4 **Compare. Utilise** – *moins* / = *aussi* / + *plus* **+ adverbe +** *que*.

1. J'utilise mon ordinateur ______________________ (– /*souvent*) mon portable.
2. Romain parle ______________________ (+ /*calmement*) Gilles.
3. Je sais ______________________ (+ /*bien*) chatter ______________________ surfer.
4. Ce matin, je me suis levé ______________________ (= /*tôt*) hier.

La négation

5 **Non, c'est non! Complète les phrases. Utilise** *ne ... pas/jamais/plus* **et** *rien/personne ... ne, ne ... ni ... ni*.

______________________ le dérange.

Nous ______ avons ______________ faim.

3

Tu ______ connais ______ notre association?

4

Je ______ ai ____________ vu le désert.

5

____________ marche aujourd'hui: ______ mon portable, ______ mon ordinateur!

Les verbes *rire* et *courir*

6 **Vera montre ses photos à sa copine. Fais les phrases. Utilise les verbes *courir* et *rire (de)*.**

1

les filles / la plage

© Jacques Alexandre

2

Nico / très vite

© Fotolia / roibu

3

Nous / ses blagues

© Fotolia / Halfpoint

4

Marie / jamais!

© Fotolia / wernerimages

Le conditionnel

7 **De quoi parlent-ils? Mets les verbes au conditionnel. Puis trouve le mot qui correspond à la situation.**

a un film **b** une invitation **c** un voyage **d** un numéro de portable **e** un conseil

1. Nous ____________ *(vouloir)* te demander ton avis! ☐
2. Ça te ____________ *(plaire)* de participer à notre action? ☐
3. Vous ____________ *(pouvoir)* répéter, s'il vous plaît? ☐
4. Tu ____________ *(devoir)* absolument le voir. ☐
5. Je crois que Jules et Jim ____________ *(avoir)* envie de partir. ☐

Qu'est-ce qu'on dit?

8 **Qu'est-ce qu'ils disent? Relie.**

D'un côté, le portable, c'est pratique **1**	**a** à la course des héros.
À ta place, je **2**	**b** parlerais à mes parents.
Je participe **3**	**c** d'une association.
Je suis membre **4**	**d** contre la faim dans le monde.
Je m'engage **5**	**e** mais de l'autre, on est trop dépendant.

Solutions, p. 2 du Cahier de solutions

Dossier 2 Sauver la planète

Approches

28–29 **1** **Fais le jeu qui se trouve sur le blog d'Anton. Retrouve les mots et explique-les en français.**
▶ Les mots pour le dire, p. 205/6 et Méthodes, p. 126/28

_ s s _ c _ _ t _ _ n
r _ _ c t _ _ r n _ c l _ _ _ r _
_ n v _ r _ n n _ m _ n t
m _ n _ f _ s t _ t _ _ n

_ f f _ c h _
r _ c _ c l _ g _
r _ c h _ _ f f _ m _ n t
_ p p _ r _ _ l _ l _ c t r _ q _ _

Exemple: Une association, c'est un groupe qui s'engage.

2 **Tu connais des expressions avec *être* ou *avoir* que tu peux utiliser pour parler de l'écologie. Fais une liste. Puis, écris cinq phrases avec ces expressions.** ▶ Les mots pour le dire, p. 205/6

Exemple: Je **suis au courant des problèmes de notre planète** et j'**ai envie de m'engager**.

28|3 **3 a** **François présente ces statistiques sur les Français et l'écologie. Complète ses phrases avec les expressions ci-dessous.** ▶ Les mots pour le dire, p. 209/19

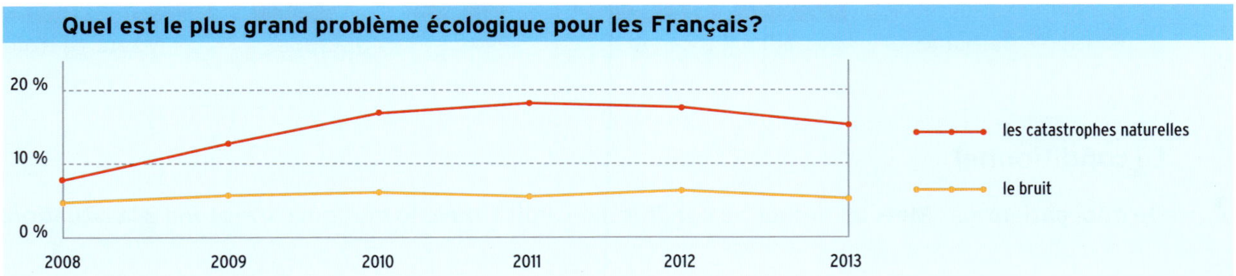

le plus grand
32 % des Français
entre 2008 et 2013
une fois par mois
depuis 2010
entre 5 et 6 % des Français
la moitié des Français

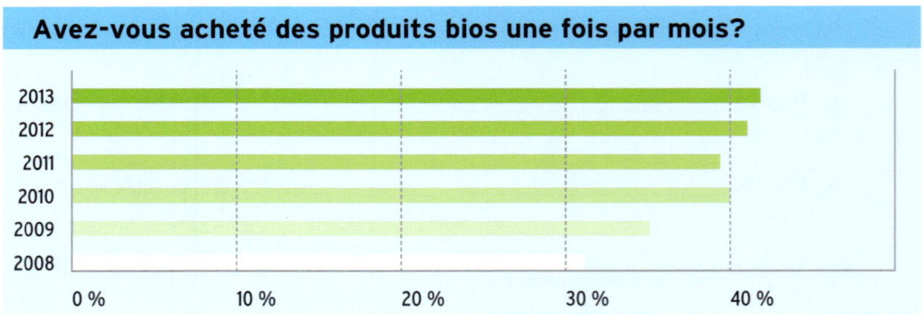

1. ______________________ disent en 2008 que ______________________ problème écologique pour eux est le bruit.

2. ______________________, les Français pensent que les catastrophes naturelles sont aussi un grand problème.

3. En 2013, moins de ______________________ fait ses courses dans un supermarché bio.

4. En 2008, ______________________ ont acheté des produits bio ______________________.

5. ______________________ les choses ont un peu changé.

b **Note trois autres phrases pour présenter les statistiques.** ▶ Les mots pour le dire, p. 209/19

30|2 **1 a Sauvons la planète! Relie les phrases qui vont ensemble pour faire un micro-dialogue.**

– Il faut sauver les tortues de Floride!	1	a	– Je sais, mais fais un effort s'il te plaît!
– Tu as éteint ton ordinateur?	2	b	– Non, je prends l'avion!
– Tu as appelé Luc?	3	c	– C'est vrai, elles sont en danger!
– Tu vas à Montpellier en train?	4	d	– J'ai essayé mais il a éteint son smartphone.
– Armelle et Zoé m'énervent!	5	e	– Non, je le laisse toujours en veille!

b Note les expressions en jaune de a avec leur traduction et apprends-les.

Tipp: Continue ta liste et complète-la après chaque cours.

2 a Charlotte est très organisée. Écris les phrases selon le modèle. Utilise *avant de* + infinitif. ▶ Livre, p. 31/3

31|3

1. Charlotte / ranger / chambre / sortir.
2. Elle / choisir / film / inviter / copine / cinéma.
3. Elle / éteindre / ordinateur / quitter / chambre.
4. Elle / discuter / amis / participer / actions.
5. Elle / chercher / informations / réacteurs nucléaires / aller / manifestation.

1. Avant de sortir, Charlotte range sa chambre.

b La mère de Charlotte part pour quelques jours. Elle laisse des conseils à sa fille. Qu'est-ce qu'elle écrit? Fais les phrases. Utilise l'impératif et *avant de* + infinitif. ▶ Livre, p. 31/3

1. Regarde dans le frigo avant d'aller faire les courses!

Tipp: Lerne die Formen von *éteindre*.
▶ **Verbes, p. 132**

31|3 **3 Victor parle de ses gestes écolo. Complète son texte à l'aide d'un dictionnaire bilingue ou en ligne.**
▶ **Apprendre à apprendre, p. 31/4; Les mots pour le dire, p. 205/6**

1. Ce n'est pas toujours facile de ? mais j'essaie de le faire avec des gestes écolo.	*die Umwelt schützen*
2. Le geste le plus important pour moi, c'est quand je ? les déchets.	*trennen*
3. Par exemple, je recycle le ? dans des poubelles spéciales.	*Glas*
4. Quand je me douche, je ne laisse pas trop l'eau ? .	*laufen*
5. Avant de quitter ma ? , je ? la lumière.	*Zimmer / ausschalten*
6. Comme ça, on va peut-être pouvoir ? la planète.	*retten*

32–33 **1** **Hervé et Samira présentent les clubs du lycée. Complète chaque phrase avec le verbe qui convient.**
▶ Verbes, p. 130–133

améliorer espérer nettoyer
persuader protéger remplacer
s'informer s'intéresser trier

1 Au club anglais, nous discutons et nous ______________ notre anglais!

2 Au club informatique, nous ______________ les vieux ordinateurs par des appareils plus modernes!

3 Au club nature, tu ______________ sur les animaux en danger et tu ______________ la planète.

4 Au club politique, nous ______________ les gens d'agir.

5 Au club écologie, les élèves ______________ la cour et ______________ le papier pour le recycler. Ils ______________ recevoir bientôt un label.

6 Vous ______________ ______________ au dessin et à la mode? Allez au club design!

2 **Complète les dialogues avec le verbe *recevoir* à la forme qui convient.** ▶ Verbes, p. 133

1

Je ______________ chaque jour un cadeau!

Elle n'________ pas ______________ mon texto!

2

Les premiers ______________ une médaille!

Nous ______________ la médaille!

3

Vous ______________ des textos de vos fans?

On ______________ surtout des lettres!

Réviser **3** 15|3

On veut un monde plus écolo! Complète avec *plus / moins / aussi … (que)*. Pense à l'accord de l'adjectif! ▸ **Repères, p. 41/3**

L'éco-délégué de notre collège est (= / *motivé*) ____________________ ________________ notre médiateur et ses actions sont (+ / *intéressant*) ________________________________ les actions du club photo. Il nous a expliqué que les bouteilles en plastique sont (– / *cher*) ________________________________ mais (+ / *polluant*) ________________________________ les bouteilles en verre. Pour la santé, les produits de qualités sont (+ / *bon*) ____________________________ les OGM. Je veux devenir (= / *responsable*) ____________________________ lui et construire un avenir (+ / *propre*) ______________________.

4 33|2

Julien est éco-délégué. Il a préparé un discours pour sa classe mais il a tout mélangé. Fais les phrases et traduis-les. ▸ **Repères, p. 40/1**

1. année / plus / va / papier / On / recycler / l' / dernière. / que / de
2. surveillants. / que / participation / Malheureusement, / on / profs / de / des / attend / moins / des
3. troisième B. / la / que / sponsors / On / de / voudrait / autant
4. actions / plus / collège / d' / que / Notre / frère. / de / collège / le / organise / mon

5

Rose et Sébastien ont passé leurs vacances à l'hôtel. Compare et fais les phrases. Utilise *plus / moins / autant de … que*. ▸ **Repères, p. 40/1**

un label un appareil électrique produire des déchets

6 33|1b

Julien a trouvé un article qui parle d'un éco-délégué et veut savoir s'il fait la même chose que lui. Tu lui expliques. ▸ **Les mots pour le dire, p. 205/6**

Öko-Beauftragter 16. 09. 2015 | 18:44 Uhr

Das neue Schuljahr ist inzwischen gut eine Woche alt. Und alle Posten sind vergeben. Sie erinnern sich? Klassensprecher. Stellvertreter. Tafeldienst. Alles wie früher?
Mein Sohn (8. Klasse) kam am dritten Schultag nach Hause und verkündete, er sei nun Öko-Beauftragter. Uii, dachte ich, wird die Schule endlich umweltbewusster? Der 13-Jährige erklärte, er müsse dafür sorgen, dass gelüftet wird und danach muss er die Fenster schließen. Außerdem müsse er Blumen gießen und am Ende der Stunde das Licht ausmachen. Tatsächlich: Alles wie früher – als Raumpflegerinnen auch noch Putzfrauen waren.

2C

1 DELF 7

Moussa raconte à son ami Eddy ses vacances en Guyane et lui montre ses photos. Écoute et coche l'intrus!

© picture alliance/ZB

© Fotolia/Friedberg

© picture alliance/Robert Cundy

© picture alliance/Eric Hernande

© mauritius images/Photononstop

© laif/Le Figaro Magazine/Martin

© Okapia/A. Cambone & R. Isotti/Homo Ambiens

© images.de/BIOSphoto

© mauritius images/Onoky

2 a DELF 8 L 34|2

Radio Monde a interviewé Sanjana. Écoute et coche si c'est vrai ou si c'est faux. Puis, corrige dans ton cahier les affirmations qui sont fausses.

	vrai	faux
1. Sanjana habite dans le centre-ville de Cayenne.	☐	☐
2. Sanjana n'a pas peur dans la forêt tropicale.	☐	☐
3. L'école de Sanjana se trouve dans les montagnes du parc régional.	☐	☐
4. Avec sa classe, Sanjana a fait une action pour l'environnement.	☐	☐
5. Avec sa classe, Sanjana s'engage pour sauver les oiseaux.	☐	☐

b 9 L 35|3

Radio Monde a aussi rencontré Élimane. Écoute l'interview et souligne les erreurs. Puis corrige-les.

Élimane a 17 ans et il habite à Dakar, la capitale du Sénégal. Il y a toujours eu l'électricité dans son quartier. Grâce à la mini-centrale qui fonctionne à l'énergie nucléaire, le père d'Élimane travaille plus vite. La mère d'Élimane ne profite pas de l'électricité et continue d'aller tous les jours au marché. Pour Élimane, l'électricité est une vraie chance car il peut travailler très tôt le matin, avant le petit-déjeuner. Comme ça, il peut mieux préparer son examen!

Réviser **3 a**

Pour rendre tes textes intéressants, utilise des adjectifs. Pense à faire l'accord. Attention à la place de l'adjectif!

beau · écologique · électrique · dangereux · lourd/e · nouveau · polluant/e · solidaire · vieux

1. Une ? activité ? .
2. De ? produits ? .
3. Un ? projet ? .
4. Un ? appareil ? .
5. De ? éoliennes ? et ? .

b **Voici Charles et Hélène. Pour quel projet s'engagent-ils? Qu'est-ce qu'ils sont en train de faire? Décris-les et parle de leurs activités. Utilise aussi les adjectifs de a.** ▶ Méthodes, p. 121/22

autre · bon/bonne · certain/e · courageux/-euse · criminel/le · différent/e · engagé/e · grand/e · ironique · jeune · joli/e · moche · moderne · motivé/e · normal/e · nucléaire · pratique · propre · renouvelable · responsable · tropical/e · vert/e

1

2

4 a Protégeons l'environnement! Retrouve les mots dans la grille et faire des paires. ▶ Liste des mots, p. 167–184

L 30–35

S	A	I	R	E	C	Y	C	L	E	R	X	E
O	H	B	F	S	O	B	A	I	M	E	U	X
L	O	U	D	U	N	A	C	T	I	F	I	R
A	R	Z	K	M	S	P	T	E	O	G	T	É
I	É	L	E	C	T	R	I	C	I	T	É	C
R	G	N	I	H	R	S	O	L	E	I	L	H
E	I	S	G	A	U	E	N	I	U	L	E	A
P	O	F	A	U	C	M	A	N	T	P	C	U
A	N	E	R	D	T	G	I	E	C	R	T	F
I	K	H	A	B	I	T	E	R	I	O	R	F
E	O	B	P	R	O	D	U	I	T	D	I	E
R	É	G	I	O	N	A	L	U	Z	U	Q	M
O	E	H	A	B	I	T	A	N	T	I	U	E
I	S	C	O	N	S	T	R	U	I	R	E	N
R	U	R	E	C	Y	C	L	A	G	E	X	T

b Dans chaque phrase, il y a deux mots de la même famille. Complète avec les mots de a. Pense à conjuguer les verbes et à accorder les noms et les adjectifs.

1. Noah et ses parents ___habitent___ sur une île où il n'y a pas beaucoup d'___habitants___.
2. C'est une ____________ magnifique: il y a trois parcs ____________!
3. Dans cet endroit, il y a beaucoup de ____________, alors ils ont mis des panneaux ____________ sur leur maison!
4. Avec l'____________ qu'ils produisent, ils peuvent utiliser plusieurs appareils ____________.
5. À cause du ____________ du climat, il fait de plus en plus ____________!
6. Ils ont aussi ____________ une cabane dans le jardin. Tous leurs amis ont participé à la ____________!
7. La spécialité de la mère de Noah, c'est le ____________. Papier, verre, vêtements, elle ____________ tout!
8. Le père de Noah travaille pour une entreprise qui ____________ des ordinateurs et des smartphones. Leurs ____________ sont célèbres dans le monde entier!
9. Noah est un jeune homme très ____________: il adore les ____________ dans la forêt.

5 Qu'est-ce qu'on dit en français? Note dans ton cahier.
▶ Liste alphabétique, p. 185–198

1. – die neuen Energien
   – die erneuerbaren Energien
2. – eine empfindliche Gesundheit
   – ein zerbrechliches Glas
3. – ein gefährliches Tier
   – ein gefährdetes Tier
4. – ein tropisches Klima
   – tropische Länder

36|1 **1** Le club environnement du lycée Diderot a fait des commentaires sur cette publicité. Complète-les. Pense à conjuguer les verbes. ▶ Liste des mots, p. 148–149

d'après
présenter
écrire
informer
persuader
polluer
publicité
répéter
s'agir de
suggérer *(2x)*

1 Il ____________ une ____________ pour de l'eau minérale.

2 ____________ le slogan, la bouteille en plastique est biodégradable.

3 On ____________ «Végétal» comme Volvic pour ____________ que c'est un produit qui ne ____________ pas.

4 L'image ____________ que la bouteille est un produit qui protège la nature.

5 On ____________ le mot «végétal» trois fois pour nous ____________ que c'est un produit écologique.

6 On nous ____________ que la bouteille est 100 % recyclable mais on ne ____________ pas ses composants.

© Danone Eaux France

2 37|3 Les habitants d'un village parlent des problèmes de leur région. Ton corres ne les comprend pas. Tu traduis. ▶ Livre, p. 37/3

construire la manifestation la viande produire l'énergie nucléaire les éoliennes sur la côte

1. In unserer Gegend werden oft Demonstrationen gegen die Atomkraft organisiert.
2. In den letzten Jahren wurden viele Windräder in der Nähe gebaut.
3. Hier wird viel Fleisch produziert.
4. Ich finde, dass an der Küste zu viele Hotels gebaut wurden.

1

© imago/Stockhoff

2

© Fotolia/Pixel & Création

3

© Fotolia/countrypixel

4

© Clip Dealer/Petra Schmidt

3 a Dans sa chanson «M'en voulez-vous?», Pauline Croze parle de ce qui est important pour elle. Écoute et traduis les phrases dans ton cahier. ▶ Repères, p. 40/2

10

1. De la vie, je ne prends que la dolce vita.
2. De l'amour, je n'attends qu'une main sans la bague[1] au doigt, comprenez-vous?
3. De mon enfance[2], je n'ai gardé que l'insouciance[3].
4. De mes histoires, je n'ai pris que le meilleur.

1 **la bague** der Ring   2 **l'enfance** *f.* die Kindheit   3 **l'insouciance** *f.* die Sorglosigkeit

b Et toi? Tu ne peux garder qu'une chose. Qu'est-ce que c'est? Complète. ▶ Repères, p. 40/2

voir   attendre   faire   aimer   garder   participer

Au collège, je ne/n'________________

que/qu'____.

Avec mes potes, je ne/n'________________

que/qu'____.

De mes expériences, je ne/n'_______________ que/qu'________________________________.

Pendant la fête, je ne/n'______________ que ____.

De mes vacances, je ne/n'______________ que _______________________________________.

Dans le quartier où j'habite, je ne/n'_____________ que ________________________________

_________________________.

4 Ton corres s'intéresse à la photo qui accompagne cet article et te demande de quoi il s'agit. Tu le lui expliques.

Kalkar: Wie ein Kernkraftwerk zum Wunderland wurde

1973 begannen die Bauarbeiten für das Kernkraftwerk, das ursprünglich 500 Millionen kosten sollte und letztendlich 7 Milliarden verschlang. Doch das Kernkraftwerk kam nie in Betrieb, weil die neue Technologie als zu gefährlich und nicht beherrschbar eingestuft wurde. Ab 1974 wurde schon gegen das Kernkraftwerk demonstriert. 1977 kam es bei einer Großdemonstration zum größten Polizeiaufgebot in der Geschichte der Bundesrepublik. 1985 fertiggestellt wurde es nach dem endgültigen Aus 1991 zu einer der größten Investitionsruine Deutschlands. Den 93 Meter hohen Kühlturm abzureißen, hätte nochmals fast 100 Millionen gekostet. Also wurde lieber nach einem Investor gesucht, der bereit war, das 55 Hektar große Gelände mit der Betonruine drauf zu kaufen. Ein holländischer Unternehmer erwarb es und wandelte es in einen riesigen Freizeitpark um mit Karussells und Achterbahnen. Ein großes Hotel steht nun auf der ehemaligen Industrie-Brache. Berglandschaften, Musik und Plastikblumen beleben den Reaktor. Und es gibt Pommes anstelle von radioaktiven Brennstäben.

Und wie ist es mit der Energie? Der Verbrauch des früheren Brüters ist heute schon enorm: drei Millionen Kilowattstunden im Jahr plus 550.000 Kubikmeter Gas. Und deswegen muss in Kalkar künftig wohl doch noch Strom produziert werden. Man plane, ein Windrad zu bauen und vielleicht auch noch weitere Anlagen um erneuerbare Energien zu nutzen, sagt der Investor.

Dossier 2

Fais le point!

Vocabulaire

1 C'est comment? Trouve l'intrus.

1. **l'énergie:** solaire – renouvelable – biodégradable – électrique – nucléaire
2. **un composant:** dangereux – polluant – ironique – biodégradable – écologique
3. **du linge:** blanc – noir – cassé – trempé – propre
4. **une personne:** engagée – responsable – polluante – heureuse – fragile

2 a Trouve le verbe qui va avec ces compléments.

1 ______________________

la cuisine
les fenêtres
le linge
sa voiture
les fruits

© Fotolia / Richard Villalon

3 ______________________

l'énergie
du temps
l'argent
ses efforts
l'électricité

© Fotolia / electriceye

2 ______________________

de l'argent
un e-mail
une enveloppe
un cadeau
un label

© Fotolia / Kzenon

4 ______________________

des journaux
le verre
du papier
les déchets

© Fotolia / Zsolt Biczó

5 ______________________

la télévision
un appareil
la lumière
son ordinateur
les bougies
son smartphone
la machine à laver

© Fotolia / Marco2811

b Complète chaque phrase avec une expression de **a**.

1. Anna ______________________ avant de se coucher.
2. L'année dernière, nous ______________________ pour Noël: 50 euros!
3. Est-ce que tu __________ déjà ______________________ pour le dessert?
4. Avec ces panneaux solaires, ils ______________________.
5. Dans mon collège, on ______________________.

Les verbes

3 Complète avec le verbe *éteindre* ou *recevoir* à la forme qui convient.

1 Vous ______________________ la musique ou j'appelle la police!

2 Vous n'______________________ pas ______________________ notre message?

3 Nos voisins ______________________ toujours plein de paquets!

4 Pourquoi est-ce que tu ______________________ les bougies?

Avant de + infinitif

4 **Qu'est-ce qu'il vaut mieux faire d'abord? Trouve le bon ordre et fais des phrases! Commence par** *Il vaut mieux* **+ inf. et utilise** *avant de* **+ inf.**

1. ranger sa chambre / inviter les copains
2. ranger le linge / laver le linge
3. répondre aux questions / lire le texte
4. sortir / s'habiller
5. économiser de l'argent / partir en vacances
6. être vieux / profiter de la vie

Le comparatif des adjectifs et des quantités

5 **Arthur et sa sœur se ressemblent. Compare-les. Utilise** *plus* **/** *moins* **/** *aussi ... que* **et** *plus de* **/** *moins de* **/** *autant de ... que*.

Arthur est (= / *riche*) ____________________ sa sœur. Il a (= / *les vêtements*) ____________________ ________________ elle. Mais il a (+ / *les chaussures de sport*) ______________________________ elle parce qu'il est (+ / *sportif*) ____________________________ elle! Par contre, ils ont tous les deux (= / *les appareils électroniques*) ______________________________: un smartphone, un ordinateur et une console. Élise a (– / *les jeux vidéo*) ______________________________ son frère parce qu'elle est (– / *fan*) ______________________________ lui! Mais elle est (= / *motivée*) ________________ ________________________ Arthur pour regarder des DVD de Dani Boon.

La négation avec *ne* + verbe + *que*

6 **C'est génial ou bizarre? Fais les phrases. Utilise** *ne* **+ Verbe +** *que*. **Attention au temps des verbes.**

1 C'est dommage! / marquer un but

2 C'est nul! / chanter vingt minutes

3 C'est bizarre! / vendre des plats végétariens

4 C'est génial! / coûter 2 €

5 C'est super! / faire une faute

6 C'est triste! / avoir deux fans

Qu'est-ce qu'on dit?

7 **Au club écologie du collège, on s'intéresse à l'environnement. Qu'est-ce que tu dis en français?**

1. Dieser Sänger wird für sein Engagement sehr bewundert.
2. Im Erdkundeunterricht werden die Probleme im Regenwald diskutiert.
3. Hier wird deutsch gesprochen.
4. In der Werbung wird mit der Farbe Grün die Liebe zur Natur angedeutet.

Solutions, p. 2–3 du Cahier de solutions

Dossier 3

Trouver sa place dans l'avenir

Approches

11 **1 a** **C'est quel métier? Écoute et note les numéros correspondants. Puis note le métier. Attention, il y a deux métiers en trop.**

☐ 
© Fotolia / cristovao31

☐ 
© Fotolia / Wavebreak-mediaMicro

☐ 
© Fotolia / Warren Goldswain

☐ 
© Fotolia / CandyBox Images

☐ 
© Fotolia / Robert Kneschke

☐ 
© Fotolia / Wavebreak-mediaMicro

______________________ ______________________

______________________ ______________________

45|4 **b** **Qui fait quoi? Écris des définitions pour chaque métier de a.**
▶ Méthodes, p. 126/28

travailler	à manger
faire	les fleurs
s'occuper de	les enfants
servir	un ordinateur
vendre	un magasin
inventer	les jeux vidéo
préparer	un restaurant
réparer	les bons plats
___	les courses

1. Un informaticien, c'est une personne / quelqu'un qui sait réparer un ordinateur.

47|2 **2 a** **Lis et surligne d'abord la phrase qui explique la cause (die Begründung).** ▶ Repères, p. 58/1

1. Je ne vais pas sortir. / J'ai beaucoup de devoirs ce week-end.
2. Il travaille dans le restaurant de sa tante. / Il n'a pas trouvé de stage pendant les vacances.
3. Nous adorons voyager. / Nous posons notre candidature dans une agence de voyages.
4. Je me couche tôt. / Je suis stressé ce soir.
5. Il fait froid aujourd'hui. / Je ne fais pas de promenade avec mon chien.
6. Nous ne partons pas en vacances. / Mon père est au chômage.

b **Utilise les phrases de a pour faire des phrases qui expriment la cause. Utilise** *comme* **ou** *parce que*.
▶ Repères, p. 58/1

1. Je ne vais pas sortir parce que j'ai beaucoup de devoirs ce week-end.

1 Dans ce jeu de rôle, vous parlez de vos projets professionnels et vous donnez des conseils. Préparez vos rôles et jouez. A joue le rôle de Florent/Florence, B joue le rôle de Martin/Martine.

L 49|5

▶ Les mots pour le dire, p. 210/23

Partenaire A = Florent/Florence	**Partenaire B** = Martin/Martine
1. **A**: Frage, ob **B** schon weiß, was er/sie gern später werden möchte. *(aimer devenir)* (**B**: Moi, je voudrais devenir infirmier/infirmière. J'ai déjà fait plusieurs stages.)	(**A**: Est-ce que tu sais déjà ce que tu aimerais devenir plus tard?) **B**: Sage, dass du Krankenpfleger/-schwester werden möchtest und dass du schon mehrere Praktika gemacht hast. *(vouloir devenir)*
2. **A**: Frage, welche Eigenschaften man für diesen Beruf braucht. *(qualités / métier)* (**B**: C'est un métier où il faut aimer communiquer et travailler en équipe. Et toi, qu'est-ce que tu as comme projets?)	(**A**: Quelles qualités est-ce qu'il faut avoir pour ce métier?) **B**: Sage, dass es ein Beruf ist, wo man gerne kommunizieren und Teamarbeit mögen muss. Frage **A**, was er/sie vorhat. *(travailler en équipe)*
3. **A**: Sage, dass du nicht in einem sozialen Beruf arbeiten könntest, weil kranke Leute nicht dein Ding sind. *(métier du social)* (**B**: Alors, tu te vois dans quel domaine?)	(**A**: Moi, je ne pourrais pas travailler dans un métier du social parce que les gens malades, ce n'est pas mon truc.) **B**: Frage **A**, in welchem Gebiet er/sie sich sieht. *(se voir)*
4. **A**: Sage, dass du gern die Möglichkeit hättest, im Freien zu arbeiten. *(travailler en plein air)* (**B**: Comme la nature est importante pour toi, tu devrais faire un apprentissage chez un jardinier.)	(**A**: J'aimerais / Je voudrais avoir la possibilité de travailler en plein air.) **B**: Sage, dass **A** eine Lehre bei einem Gärtner machen sollte, da für ihn/sie die Natur wichtig ist. *(faire un apprentissage)*
5. **A**: Bejahe. Sage aber, dass es nicht sofort möglich sein wird, da du schon einige Bewerbungen an Computerfirmen geschickt hast. *(être possible tout de suite / le domaine de l'informatique)* (**B**: Pourquoi? Tu voudrais devenir informaticien/informaticienne?)	(**A**: C'est vrai. Mais comme j'ai déjà posé ma candidature dans des entreprises qui travaillent dans le domaine de l'informatique, ça ne va pas être possible tout de suite.) **B**: Frage warum und ob **A** gerne Informatiker/in werden würde. *(informaticien/ne)*
6. **A**: Sage, vielleicht. Sage, dass du Computer schon immer gemocht hast. *(aimer / les ordinateurs)* (**B**: Tu es sûr/sûre? Dans ces métiers, il faut rester sur une chaise toute la journée.)	(**A**: Peut-être. J'ai toujours aimé les ordinateurs.) **B**: Frage, ob **A** wirklich sicher ist, weil man in diesen Berufen den ganzen Tag auf einem Stuhl sitzen bleiben muss. *(rester / la chaise)*
7. **A**: Sage, dass es stimmt und dass du es dir noch einmal überlegen solltest. (**B**: Et aujourd'hui, même les jardiniers utilisent des ordinateurs.)	(**A**: C'est vrai. Je devrais y réfléchir encore une fois.) **B**: Sage, dass auch Gärtner heutzutage Computer benutzen!

L 50 **1** **Complète avec les formes des verbes *suivre* et *poursuivre*.** ▸ **Verbes, p. 133**

1 

2 

3 

4 

5 

1. ________________-moi jusqu'au bout de monde!
2. Les enfants ________________ des cours d'accordéon.
3. Il me ________________ partout!
4. ________________, s'il vous plaît!
5. Nous ________________ le projet.

Réviser L 45 **2 a** **Tu connais bien le système scolaire français. Complète les définitions.** ▸ **Liste des mots, p. 167–184**

1. Quand on a entre 6 et 7 ans, on rentre à l'________________.
2. Le ________________ commence en sixième.
3. L'________________ qu'on passe à la fin de la troisième s'appelle le ________________.
4. À la fin du ________________, on passe le ________________.
5. Ma ________________ préférée, c'est la physique.
6. Quand on fait des ________________, on découvre plein de métiers.
7. Pour apprendre un métier, il faut faire un ________________.
8. Dans ton dossier de ________________, tu mets une lettre de ________________ et un ________________.

12 **b** **Maintenant écoute et corrige, si nécessaire. Puis écoute encore une fois et répète.**

L 50 **3** **Lis le texte, p. 50 et retrouve les expressions. Puis écris la biographie professionnelle de David Capy.**
▸ **Méthodes, p. 121/22; Les mots pour le dire, p. 205/7 et p. 206/8**

passer créer suivre poursuivre faire travailler gagner devenir retourner	son entreprise sa formation un concours le brevet prof un prix un apprentissage des cours
	à l'étranger dans une école de pâtisserie à l'école

même ensuite au début après
parce que toujours finalement
courageusement maintenant d'abord

D'abord, David Capy a passé son
brevet. Ensuite, il ...

51|3 **4 a** Tu veux présenter Ludovic Nantes, sa formation et son métier. De quelles informations as-tu besoin? Fais un tableau avec des mots-clés.

nom	
ville	
âge	
formation/diplômes	
domaines	
concours	
projets	
—	

> Wenn es dir schwerfällt, wichtiges zu markieren, dann nutze die Wegstreichmethode.
> ▶ Méthodes, p. 120 /3

b Lis maintenant le portrait de Ludovic Nantes. Souligne les informations principales en rouge et les détails en vert. Puis, complète ton tableau de a.

MÉCANICIEN/NE OUTILLEUR/EUSE OU DE PRÉCISION

Qualités:
Ingénieux - Logique - Minutieux
Salaire:
1 900 € brut/mois. Jusqu'à 3 500 € et + pour une responsable de la maintenance.
Niveau de formation:
CAP à licence

Portrait LUDOVIC NANTES MÉCANICIEN DE PRÉCISION

© Fotolia / michaeljung

© Fotolia / amorfati.art

La mécanique et les voyages, ce sont mes deux passions! Alors, à 15 ans, j'ai commencé mon apprentissage chez les Compagnons du Devoir. J'ai eu mon BEP métier de la production mécanique informatisée (MPMI). À 17 ans, j'ai participé au concours du meilleur apprenti de ma région et j'ai gagné le premier prix. Ensuite, j'ai décidé de faire le Tour de France: j'ai commencé à Toulouse dans une entreprise de mécanique de précision. En même temps, j'ai passé mon bac pro de technicien outilleur. Ensuite, je suis parti à Besançon où j'ai travaillé dans une entreprise qui fabriquait des pièces spéciales. Ça a été une expérience très riche!
Aujourd'hui, je travaille à Nancy dans une entreprise spécialisée dans l'automobile. Je suis responsable de toute la production. Je m'occupe du contrôle qualité et de l'amélioration des conditions de travail. En parallèle, je poursuis des études en mécatronique avec pour objectif la licence. Et j'ai de nouveaux projets de voyages professionnels: je pars l'année prochaine au Canada!

c Voici un texte qui présente Ludovic Nantes. Complète-le avec les informations tirées du tableau de b.

Ludovic Nantes a toujours adoré ______________ et ______________.

Il a donc fait ______________________________.

À __________, il passe son __________ et gagne le ______________________.

Depuis, il a toujours poursuivi sa formation. Il a passé son ______________ et maintenant il fait des études en ______________________. Pendant son ______________________, il a découvert des villes et des entreprises différentes. Maintenant, il travaille à Nancy dans le domaine de ______________________. Son projet, c'est de partir en ______________ ______________________ au Canada.

1 Voici Damien. Il vient d'où? Il habite où? Quel est son métier? Présente-le. ▶ Liste des mots, p. 154; Les mots pour le dire, p. 204/1.

habiter adorer être s'engager inventer construire agir venir de

2 a C'était quand? Écoute et classe les expressions de temps dans la catégorie qui correspond.

13
Réviser

cet après-midi tous les soirs l'année dernière dans un mois en ce moment ce matin la semaine prochaine le week-end prochain dans cent ans bientôt plus tard la semaine dernière maintenant en 2050 depuis un an

hier:	aujourd'hui:	demain:
l'année dernière,		

b Écoute encore une fois. Quels temps est-ce que tu entends? Complète ton tableau de **a**.

13

imparfait passé composé futur composé présent

3 a Retrouve ce que Fatou et Leandro disent de l'avenir de leurs pays. Note ces phrases en français. ▶ Texte, p. 52; Les mots pour le dire, p. 206/9

L 52

Sie sagen, dass ...
1. alle Leute Wasser haben werden.
2. alle Kinder in die Schule gehen werden.
3. die Klassen kleiner sein werden.
4. die Jugendlichen nicht mehr mit einem Stift schreiben werden.
5. man in den Alpen nicht mehr Ski fahren können wird.
6. Roboter die Arbeit auf dem Bauernhof machen werden.

Tipp: So gehst du vor:
1. Unterstreiche die Verben in jedem Satz.
2. Notiere die Infinitive.
3. Bilde die passende Form und formuliere den Satz.

1. dass alle Leute Wasser haben werden. → avoir → Tout le monde aura de l'eau.

b Choisis trois infinitifs de **a** et note toutes les formes du futur simple. ▶ Verbes, p. 130; Repères, p. 58–59

52|2
53|3

4 Malika rêve de son avenir. Complète avec les verbes au futur simple.
▶ Repères, p. 58/2

pouvoir passer
travailler être payer
ressembler faire

1. En l'an 2128, la vie ________________ plus facile.
2. Nous ________________ six mois par an.
3. Est-ce que vous ________________ beaucoup de temps en avion?
4. Les ordinateurs ________________ tous les travaux difficiles.
5. Je ne ________________ plus ce que j'achèterai.
6. La terre ________________ à un grand jardin où tout le monde ________________ être heureux.

© Fotolia / Agence DER

5 a Qu'est-ce que Marina, Kathi et Jérôme feront plus tard? Imagine des questions sur leur avenir. Utilise des expressions de temps et le futur simple.
▶ Repères, p. 58/2

voir être heureux choisir
travailler partager
habiter faire avenir

Où? Quand?
Avec qui? Pourquoi?
Qu'est-ce que? Comment?

© Fotolia / Syda Productions

14

b Écoute l'interview de Marina, Kathi et Jérôme et compare tes questions de **a** aux questions que tu entends. Corrige si nécessaire.

DELF
14

c Marina, Kathi et Jérôme parlent de leur avenir. Écoute l'interview, coche la bonne réponse ou écris l'information demandée.

1. Le texte parle
   - **a** ☐ de l'avenir financier des jeunes.
   - **b** ☐ de l'avenir professionnel des jeunes.
   - **c** ☐ de l'avenir sportif des jeunes.
2. Marina veut avoir le même métier que son père. ☐ vrai ☐ faux
3. D'après Marina, le métier d'agriculteur est ______________________.
4. Marina veut passer ______________________.
5. Marina adore travailler
   - **a** ☐ en plein air.
   - **b** ☐ dans un bureau.
   - **c** ☐ dans une ferme.
6. Kathi voudrait devenir prof parce qu'______________________________________

   ______________________________________.
7. Quand elle aura des enfants, Kathi sera femme au foyer. ☐ vrai ☐ faux
8. Jérôme voudrait devenir musicien parce que
   - **a** ☐ c'est un métier sûr.
   - **b** ☐ c'est sa passion.
   - **c** ☐ il aura un bon salaire.
9. Jérôme voudrait faire sa vie avec Kathi. ☐ vrai ☐ faux

1 Trouve les formes du verbe *vivre* dans la grille. Note la phrase qui reste et traduis-la. ▶ Verbes, p. 133

S	I	V	I	V	E	N	T	N	O	U
V	S	V	I	V	O	N	S	V	I	V
I	O	N	V	É	C	U	S	H	E	U
V	R	E	U	X	N	V	I	S	O	U
E	S	V	V	I	T	I	V	R	O	N
Z	S	V	I	S	V	I	E	U	X	!

_ _   _ _ _ _   _ _ _ _ _ _

_ _ _ _ _ _ _,   _ _ _ _

_ _ _ _ _ _ _   _ _ _ _ _ !

2 a Pour donner des conseils, il te faut des expressions. Retrouve les mots, écris-les avec l'article indéfini si nécessaire. ▶ Liste des mots, p. 154–155

55|3

i- ser- -ti- -sor- -fort -ve -seil con- dé- -tan- -dre -ce foy- ef- dis- -tia- -ni- -vi- -ce -er

____

____

b Trouve des expressions avec les mots de **a**. Pense au pluriel!

être au ______________________, être en ______________________

prendre ses ______________________, prendre des ______________________

suivre un ______________________

offrir ses ______________________

faire un ______________________

© Fotolia / oneinchpunch

15

c Écoute et corrige les expressions de **b** si nécessaire.

____

____

____

d Raconte l'histoire. Utilise les expressions de **2b**.

3 Si tu suis ces bons conseils, tout ira bien! Complète les phrases. Utilise le présent et les expressions de 2b. Attention, il y a plusieurs solutions.
▶ Repères, p. 59/3

1. Si tu offres tes services sur Internet, / Si tu prends des initiatives,
tu trouveras facilement un job.
2. ______________________
tu réussiras le brevet.
3. ______________________
tu auras de bonnes notes.
4. ______________________
tu auras du succès au travail.
5. ______________________
tu vivras mieux.
6. ______________________
tu ne pourras pas sortir ce soir.
7. ______________________
tu ne t'ennuieras jamais.

4 a Il y a toujours une solution! Lis le problème de ces jeunes et donne-leurs des conseils. Utilise la phrase conditionnelle réelle. ▶ Repères, p. 58/2; p. 59/3; Les mots pour le dire, p. 210/23

▶ 55|3–4

1 Je dois préparer un examen mais c'est dur de me concentrer. Qui peut m'aider? *Matéo*

2 *Je suis nouvelle dans mon collège et je n'ai pas d'amis. Vous connaissez cette situation? Aidez-moi.* **Delphine**

3 Je ne me sens pas bien parce que j'ai des kilos en trop. Qu'est-ce que je peux faire? *Didier*

4 Je ne sais pas quoi faire après le brevet. Comment choisir un métier? *Jenny*

5 Je n'ai pas le moral parce que je me suis encore disputée avec ma mère. Qui me comprend? *Lisa*

1. Cher Matéo, je te comprends. Tu devrais faire souvent des pauses. Va faire un tour dans ton quartier. Si tu sors de chez toi, tu auras les idées plus claires après!

b Trouvez trois autres situations. Échangez-les et répondez aux problèmes en donnant des conseils.
▶ Repères, p. 59/3; Les mots pour le dire, p. 210/23

Fais le point!

Vocabulaire

1 **Dans chacune de ces phrases, il y a deux mots de la même famille. Complète.**

© Fotolia / chamillew

© Fotolia / Nailia Schwarz

© Fotolia / Kadmy

© Fotolia / Rido

1. Fatma aime *(erschaffen)* cr____________ des vêtements. C'est pourquoi elle cherche un métier cr____________. Elle fera peut-être une formation de *(Stylistin)* sty____________ parce qu'elle connait beaucoup de st____________ différents.
2. Son frère Babou aime la nature et surtout les *(Blumen)* f____________. C'est pourquoi il veut devenir f____________.
3. Qui peut *(beraten)* con____________ ces jeunes? Beaucoup ont besoin d'un bon c____________ pour choisir un métier!
4. Pour réussir dans la vie, il faut avoir des *(Träume)* r____________. Alors moi, je n'arrête pas de r____________!

La conjonction *comme*

2 **Victor a eu une journée difficile. Raconte-la au passé composé. Utilise** *comme*.

© Fotolia / Edyta Pawlowska

1. se lever trop tard / rater / bus

____

2. aller en vélo / stade / arriver en retard

____

3. ne pas pouvoir jouer / son équipe / perdre

____

4. ne pas prendre / petit-déjeuner / s'acheter / boisson

____

5. rentrer / plus tôt / maison / regarder / télévision

____

Le futur simple

3 **Il faut savoir attendre! Complète les phrases. Utilise le futur simple.**

1. Je ne peux pas te **répondre** maintenant, mais je te ____________________ demain.
2. Nous ne pouvons pas **venir** tout de suite, mais nous ____________________ cet après-midi.
3. Aujourd'hui, il ne **fait** pas très beau mais demain il ____________________ beau.
4. Tu n'as pas **reçu** de réponse à ta candidature? Tu la ____________________ sûrement demain.
5. Vous n'avez pas **fini** votre rapport de stage? Vous le ____________________ plus tard.

La phrase conditionnelle réelle avec *si*

4 **Malika veut devenir prof de sport. Son frère lui donne des conseils. Écris les phrases.**

1. s'entraîner tous les jours / avoir de bons résultats.
2. (trouver) une amie sportive comme toi / (pouvoir) s'entraîner ensemble.
3. (organiser) bien ta journée, (aller) loin.
4. (vouloir) / (venir) avec toi le jour du concours.
5. (réussir) le concours / (être) tous fiers de toi.

Les verbes *vivre, suivre* et *poursuivre*

5 **Le pâtissier David Capy a réussi. Complète son parcours avec les formes des verbes** *suivre, poursuivre* **et** *vivre*.

David Capy a eu une vie très intéressante. Quand il était jeune, son prof lui a dit: «____________ mon conseil et ____________ ta formation!». Alors, après son brevet, David ____________ des cours. Il ________ même ____________ à l'étranger. Aujourd'hui, il ____________ à Bordeaux et il ____________ son rêve d'enfant: inventer des recettes de gâteaux. Est-ce que ses enfants ____________ son exemple plus tard?

Qu'est-ce qu'on dit?

6 **Relie.**

Si on continue à vivre comme aujourd'hui,	1	a	tu devrais faire des stages.
Si tu fais des efforts en maths,	2	b	je voudrais devenir ingénieur.
Comme il n'y aura plus de pétrole dans cent ans,	3	c	tu réussiras ton interro!
Tu pourrais trouver un métier	4	d	je crois que le climat va changer.
Comme j'aime la technique,	5	e	les voitures marcheront à l'électricité.
Pour trouver une formation qui te plaît,	6	f	dans le domaine social.

Solutions, p. 3–4 du Cahier de solutions

Ensemble, c'est tout

Approches

Réviser **1 a Aïda présente ses trois familles. Choisis d'abord le bon verbe puis complète au présent.**

73|3

© Fotolia / Dasha Petrenko

D'abord, il y a mes parents, mes sœurs et mon chien Boule! Il y a aussi ma grand-mère: ma mère ______________ (*aller / s'occuper de/d'*) elle depuis la mort de mon grand-père. On se voit surtout à l'heure des repas. Les enfants ______________ (*préparer / aider*) les parents pour le dîner et on ______________ (*raconter / dire*) notre journée. Mes parent me ______________ (*connaître / savoir*) bien, on ______________ (*imiter / se ressembler*) pas mal! Ensuite, il y a ma bande de potes que je ______________ (*retrouver / partager*) au collège ou au club de sport. Dans ma bande, on ______________ (*voir / s'entendre*) bien et j'______________ (*avoir de la chance / avoir confiance en*) eux. Et puis, il y a ma famille du web. L'année dernière, j'______________ (*rencontrer / compter sur*) ces gens sur les réseaux sociaux parce qu'on ______________ (*penser / partager*) la même passion pour Daft Punk. Alors on ______________ (*faire / chatter*) ensemble pendant des heures!

b Qu'est-ce que tu apprends sur Aïda? Résume en cinq phrases. ▶ Méthodes, p. 125/26

c Réponds à Aïda et présente lui ta famille. Qu'est-ce qui est pareil/différent chez toi?
▶ Les mots pour le dire, p. 207/12

2 Chloé et Charles parlent de leurs familles. Retrouve les cinq mini-dialogues.
▶ Liste de vocabulaire, p. 156–157

73|3

- ☐ – Ah bon! Tu m'as dit que vous vous adorez!
- ☐ – Comme on est nombreux, on n'est jamais seul.
- ☐ – Bien sûr, il fait partie de la famille!
- ☐ – Et entre potes, c'est un peu pareil, non?
- ☐ – Oui, deux fils. Ce sont mes demi-frères.

1. – Elle a des enfants, la nouvelle femme de ton père?
2. – On s'est encore disputées avec ma sœur!
3. – Les relations familiales, ce n'est pas toujours facile.
4. – Vous emmenez votre chien en vacances?
5. – Quels sont les avantages d'une grande famille?

73|4 **3 a Révise les formes du verbe *se battre*!** ▶ Verbes, p. 131

16 **b Écoute et note les phrases que tu entends. Puis traduis-les en allemand.**

▶ 74 **1** **Romain, Yanis, Anouk et Jade parlent des tâches ménagères. Lis le texte, p. 74 et coche la/les bonne/s case/s.**

	Romain	Yanis	Anouk	Jade
Il/elle n'a pas d'argent à lui/elle pour s'acheter ce qu'il/elle veut.				
Quand il/elle travaille bien à l'école, il/elle gagne de l'argent				
Il/elle ne dépense pas d'argent pour téléphoner ou pour s'habiller.				
Il/elle ne nettoie pas l'appartement. Mais laver le linge, c'est son truc!				
Il/elle ne s'entend pas très bien avec sa belle-mère.				
Il/elle gagne de l'argent pour ses voyages avec un petit job agréable.				

▶ 75|1a **2** **a** **On a toujours plein de choses à faire. Retrouve les expressions pour en parler.**

économiser
descendre sortir
se battre nettoyer
faire mettre
jeter être

avec son frère dans la rue pour être le premier du troisième étage
ensemble le chien la salle de bains la table le ménage
les poubelles *f.* les assiettes *f.* dans le lave-vaisselle à la poubelle
partie de la famille seul/e pendant la récré des petits boulots
pour l'indépendance *f.* son argent pour son forfait responsable *m.*

b **Et toi? Qu'est-ce que tu fais à la maison? Écris au moins cinq phrases avec les expressions de a.**

▶ 75|5 **3** **a** **Anaïs se dispute souvent avec son père. Relie d'abord chaque phrase à sa fonction. Puis écris le dialogue dans ton cahier. Il y a plusieurs solutions.** ▶ Méthode, p. 113

Anliegen/Problem äußern **1**
Zustimmen/Ablehnen **2**
Einen Vorschlag/Gegenvorschlag machen **3**
Abwägen/Einlenken **4**
Sich einigen **5**

a Tu pourrais aller mercredi chez Mamie. C'est le jour où ça pose le moins de problèmes.
b Je ne sais pas, je dois y réfléchir.
c Je voudrais aller passer le week-end chez Jules.
d D'accord, on peut faire comme ça.
e Le problème, c'est que ta grand-mère vient nous voir ce week-end!
f D'un côté, tu me dis de sortir plus souvent et de l'autre, tu ne me laisses pas voir mes potes quand je veux!

b **Cette fois encore, Anaïs et son père ne sont pas d'accord. Complète le dialogue avec les expressions de a.**

Anaïs: ______________________ sortir au cinéma avec mes copains ce soir.

Le père d'Anaïs: ____ tu as une interro demain.

Anaïs: ______________________, tu me dis de rester le moins de temps possible devant mon ordinateur et ______________________, tu ne me laisses pas sortir!

Le père d'Anaïs: ____________________________ aller au cinéma en début d'après-midi et rentrer tôt.

Anaïs: ______________________________, c'est pas cool ... Bon, ______________________, j'appelle les potes pour organiser ça.

c **Écoute le dialogue et corrige si nécessaire.**

17

1 a Voici la rue où Viedechien veut faire son pochoir. Lis le texte B, p. 76 dans ton livre. Fais une croix (x) à l'endroit où Viedechien veut faire son pochoir.

L 76

b Le père de Viedechien raconte ce qui s'est passé à un ami. Écris le dialogue. ▶ Texte B, p. 76

L 77|2–3

2 a Trouve les expressions qui expriment un souhait (Wunsch) ou une nécessité (Notwendigkeit) et fais une croix (x). ▶ Repères, p. 84/3

- [X] Je ne voudrais pas que
- [ ] Je dis que
- [ ] Je ne veux pas que
- [ ] Je veux que
- [ ] Je sais que
- [ ] Je voudrais que
- [ ] Il faut que
- [ ] Je crois que
- [ ] J'aimerais que
- [ ] Il pense que
- [ ] Il ne faut pas que
- [ ] Je n'aimerais pas que
- [ ] Il trouve que

b Après les expressions de **a** qui expriment un souhait (Wunsch) ou une nécessité (Notwendigkeit), on utilise toujours le subjonctif. Relie pour faire des phrases. ▶ Repères, p. 84/3

1. Je dis qu' 2. Je ne voudrais pas qu'	elle ait des idées noires. elle a des idées noires.
3. Je pense qu' 4. Je voudrais qu'	il soit gentil. il est gentil.
5. Je crois que 6. J'aimerais que	tu fais bien ton travail! tu fasses bien ton travail.
7. Il faut que 8. Je sais que	tu prends l'avion. tu prennes l'avion.
9. Je ne dis pas qu' 10. Je ne veux pas qu'	il aille chez Julie. il va chez Julie.
11. J'aimerais que 12. Je pense que	tu es fier de moi. tu sois fier de moi.

3 Retrouve l'infinitif des verbes au subjonctif. Puis écris une phrase avec chaque verbe. Tu peux utiliser les débuts de phrases de **2b**. ▶ Repères, p. 84/3; Verbes, p. 131–133

1. aller ______ que j'aille ______ Il faut que j'y aille.
2. ______ qu'il ait ______
3. ______ que tu sois ______
4. ______ qu'elle fasse ______
5. ______ que je prépare ______
6. ______ que je prenne ______
7. ______ que tu surveilles ______

4 a **Léo et ses copains veulent organiser une fête ce week-end mais ce n'est pas si facile! Complète les dialogues avec les formes des verbes au subjonctif.** ▶ Repères, p. 84/3, Verbes, p. 130–133

b **Lis le roman-photo de a et réponds.**

1. Qu'est-ce que Léo et ses copains veulent faire?
2. Chez qui est-ce que les copains vont se retrouver?
3. Pourquoi est-ce que Léo va arriver en retard?

5 **Lis le message que Derya a posté dans un forum (▶ Livre, p. 77/3). Édouard lui répond et lui donne des conseils. Complète son texte.** ▶ Expression écrite, p. 124/I.

▶ 77|3a, 4

Salut!

J'ai lu ton message sur le forum et ________________ *(ich teile deine Meinung)*. ________ *(Einerseits)*, je dois dire que ________________ *(ich verstehe dich)*: c'est dur cette histoire! ________________ *(Andererseits)* ta mère et toi, vous ne pouvez pas rester comme ça parce que la vie va devenir horrible à la maison. Il y a un an, ________________ *(ich habe die gleiche Erfahrung wie du gemacht)*: je me suis disputé avec mes parents parce qu'ils voulaient tout contrôler. Un jour, quelqu'un a piraté mes photos sur Internet. C'était horrible mais mes parents m'ont aidé à trouver une solution. Alors maintenant, ________________ *(ich vertraue ihnen)*. ________________ *(Du musst !)* tu reparles à ta mère. ________________ *(Hast du versucht, ihr deine Meinung zu erläutern)*? Allez, ________________ *(du darfst den Kopf nicht hängen lassen)*!

À plus! Édouard

18
78|2

1 a On admire tous quelqu'un. Écoute les témoignages et coche la bonne réponse.
▶ Texte C, p. 78

	Vrai	Faux
1. Kahled admire Lamine qui est son prof de sport au collège.	☐	☐
2. Kahled et Lamine viennent tous les deux du Sénégal.	☐	☐
3. Magalie admire son cousin Julien qui a 30 ans.	☐	☐
4. Julien a fait le tour du monde à vélo.	☐	☐
5. Maintenant Julien organise des voyages en Tunisie et au Maroc.	☐	☐
6. Corentin admire Nathalie qui est une amie de sa grand-mère.	☐	☐
7. Liane admire Madame Ahmed qui habite aussi à Marseille.	☐	☐
8. Madame Ahmed est géniale parce qu'elle invente plein d'objets nouveaux.	☐	☐

18

b Écoute encore une fois et corrige les phrases qui sont fausses.

____

____

____

____

____

____

Réviser
79|6a

2 a Il y a beaucoup de raison d'admirer les autres. Amira a fait une liste. Retrouve et écris les phrases.

1. J'ai beaucoup de respect pour ma mère aux /toujours / autres. / pense / qu' / parce / elle

____

2. Ridan s'est battu et il a gagné! je / est / C' / admire. / l' / pourquoi.

____

3. J'admire mon pote Christophe il / parce / content. / air / qu' / toujours / a / l'

____

4. Le médiateur de notre collège sait écouter compte! / c' / qui / ça / est / et

____

5. Mes voisins ont fait le tour du monde. voudrais / comme / faire / eux! / je / Plus tard,

____

6. Je trouve ça courageux pour / les / vie / on / autres. / sa / risque / quand

____

b Traduis les phrases de a dans ton cahier.

3 Cyrano est amoureux de Roxane. Regarde les dessins, trouve les erreurs dans les phrases et corrige-les. Utilise *c'est … qui / ce sont … qui*. ▶ Repères, p. 85/4,

79|4

1. C'est Yvon qui joue le rôle de Cyrano. → ______________________
2. C'est Mona qui joue le rôle de Roxane. → ______________________
3. C'est Alex qui veut aider Cyrano. → ______________________
4. C'est Lena qui se maquille. → ______________________
5. Ce sont Chris et Alwin qui écrivent les invitations. → ______________________
6. Ce sont Arthur et Greta qui quittent la scène. → ______________________

4 A admire la chanteuse ZAZ et en parle à sa grand-mère (B) qui n'entend pas bien. A doit tout répéter. Faites les dialogues. Utilisez *c'est / ce sont … que …* et *c'est / ce sont … qui*. Puis échangez vos rôles. ▶ Repères, p. 85/4

79|4

© Fotolia / highwaystarz

A

1. J'admire ZAZ.
2. Elle a toujours voulu devenir chanteuse!
3. Elle a commencé à chanter dans les rues.
4. J'adore sa voix!
5. Ses textes décrivent la vie comme elle est.
6. Son nouveau CD vient de sortir.

© Fotolia / michaeljung

B

1. admirer / Stromae?
2. devenir / actrice?
3. chanter / dans des cafés?
4. adorer / son look?
5. ses livres / décrire
6. son nouveau film / venir de sortir?

Exemple:

1. A: J'admire ZAZ.
   B: Pardon? Tu admires Stromae?
   A: Non, **c'est** ZAZ **que** j'admire!

5 (19) Écoute cette émission de radio sur le chanteur Féloche. Quelle est la personne que le chanteur admire le plus? Pourquoi? Réponds.

1 a Jade adore les flashs mobs. Elle décrit sa vidéo préférée à sa copine. Complète avec les expressions qui conviennent.
▶ Liste des mots, p. 160–161

commencer à   comme si de rien n'était   en commun   participant/e   par cœur   sans rien faire   sortir de   performance

J'adore cette ____________________ et je la connais ____________________! Ça se passe dans un aéroport. On voit une bouteille vide à côté d'une poubelle. Tout le monde passe à côté de la bouteille ____________________. Tout à coup, une femme arrive. Elle ramasse la bouteille et la jette dans la poubelle. Alors plein de gens ____________________ applaudir et à danser! Ils ont tous un truc ____________________: ils ____________________ leur sac une casquette rouge. Et la femme qui a mis la bouteille à la poubelle? Est-ce que c'était une promeneuse ou ____________________ qui savait ce qui allait se passer mais qui a fait ____________________?

20 **b Écoute et corrige tes solutions de a.**

c Quel dessin correspond au flash mob de a? Coche.

☐ 

☐ 

☐ 

2 Le chef n'est pas content, pourtant tout le monde a fait de son mieux[1]. Complète les phrases. Utilise *le plus* ou *le moins* + adverbe. ▶ Repères, p. 85/5

1 faire de son mieux – sein Bestes geben

1. **A:** Können Sie nicht schneller arbeiten? *(travailler vite)*

____

B: le / travaille / possible, / On / vite / plus / chef!

____

2. **B:** Können Sie nicht sauberer schreiben? *(écrire proprement)*

____

A: mieux / J'écris / le / chef! / possible,

____

3. **A:** Können Sie nicht normaler mit den Kunden sprechen? *(parler normalement)*

____

B: leur / normalement / parle / possible / le / Je / plus / chef!

____

4. **B:** Können Sie sich nicht weniger seltsam anziehen? *(s'habiller bizarrement)*

____

A: Je / le / moins / m'habille / possible, / bizarrement / chef!

____

5. **B:** Können Sie Ihre Frau weniger oft anrufen? *(appeler souvent)*

____

A: appelle / moins / l' / possible, / le / Je / souvent / chef!

____

6. **A:** Können Sie nicht auf weniger gefährliche Weise spionieren? *(espionner dangereusement)*

____

B: moins / espionne / possible, / le / dangereusement / J' / chef!

____

b **Imagine d'autres situations et fais trois dialogues comme en a.**

3 a **Vanessa est amoureuse de Yann alors elle exagère tout. Lis ses messages sur le flash mob et complète ses phrases. Utilise le superlatif de l'adverbe.** ▶ Repères, p. 85/5

1. Au début, on a attendu (+ + + / *normalement*) du monde!
2. ❤ C'est Yann qui dansait (+ + + / *bien* !)!
3. C'était moi qui applaudissait (+ + + / *plus*)!
4. Je voudrais revoir Yann ❤❤ (+ + + / *vite*) possible.
5. J'aimerais participer à des flashs mob (+ + + / *souvent*) possible, surtout avec lui. ☺

b **Yann n'aime pas Vanessa. Qu'est-ce qu'il raconte sur le flash mob? Écris son texte.**

d'abord   ensuite   tout à coup   après   à la fin   c'est / ce sont ... qui/que   le plus   le moins

Dossier
4 Fais le point!

Vocabulaire

1 **Trouve des paires de synonymes ou de contraires et recopie-les dans le tableau.**

car courageux/-euse dépenser durer économiser ensemble être responsable de espionner finir lâche parce que se battre se disputer seul/e s'occuper de surveiller

Paires de synonymes =	Paires de contraires ≠
______ = surveiller	______ ≠ ______
______ = se disputer	______ ≠ ______
______ = ______	______ ≠ ______
______ = ______	______ ≠ ______

Le superlatif de quantités

2 **Stéphane présente ses potes. Regarde les dessins et complète avec** *le plus de* **et** *le moins de*. **Puis note le nom de chacun.**

Voici mes potes. Marius a ______ argent de poche mais il a ______ fringues de marque parce que sa grand-mère lui en offre souvent. Isabelle a ______ portables mais elle a ______ temps parce qu'elle chatte tout le temps. C'est Djibril qui a ______ trucs pour faire du sport. Et moi, j'ai ______ jeux vidéo mais ______ livres de toute la bande.

Le subjonctif

3 **Luc et Valy vivent des aventures incroyables. Surligne les verbes au subjonctif. Puis traduis les phrases.**

1. Il faut que tu sois courageux. → ______
2. Je ne veux pas que tu y ailles sans moi. → ______

3. Il ne faut pas que tu aies peur. → ______________________

4. Il ne faut pas qu'on fasse du bruit. → ______________________

5. Je voudrais qu'on prenne un autre chemin. → ______________________

La mise en relief

4 **Les Durand espionnent leurs nouveaux voisins. Complète les phrases. Utilise la mise en relief.**

1. Ils rangent leurs vélos devant notre maison!

→ ______________________

2. Leurs enfants ont fait un graffiti sur notre voiture!

→ ______________________

3. Leur chien joue avec notre poubelle!

→ ______________________

4. Le fils du voisin sort avec notre fille!

→ ______________________

Le superlatif des adverbes

5 **Magnus est le meilleur! Compare les trois copains. Utilise le comparatif et le superlatif des adverbes. Écris dans ton cahier.**

1. dépenser argent + + + *intelligent*
2. travailler – – – *dur*
3. rigoler + + + *souvent*
4. s'habiller – – – *triste*
5. s'organiser + + + *bien*

1. Timo dépense son argent plus intelligemment que Paul. Mais c'est Magnus qui le dépense le plus intelligemment.

© Fotolia / Barbara Helgason

© Fotolia / Edler von Rabenstein

© Fotolia / grafikplusfoto

Qu'est-ce qu'on dit?

6 **Elsa admire sa grand-mère. Elle la présente. Fais les phrases.**

C'est une personne	1	a	pour réaliser ses rêves.
Elle a surmonté	2	b	que j'admire.
Au début, elle a fait	3	c	le ménage dans une famille riche.
Puis elle est partie	4	d	d'exemple.
Quand elle est revenue, elle a décidé	5	e	aider des gens en Afrique.
Elle a travaillé dur	6	f	tous ses problèmes.
Alors elle me sert	7	g	de devenir médecin.

Solutions, p. 4 du Cahier de solutions

Dossier **5**
La France, l'Allemagne et l'Europe

Approches

1 Fais le quiz des relations franco-allemandes. Lis les textes p. 90–91 et réponds aux questions.
▶ L 90–91 ▶ Livre, p. 90–91, ▶ Hintere Umschlagseite

1. Les Huguenots sont venus en Allemagne parce que/qu'
   - a ☐ ils n'avaient pas de travail en France.
   - b ☐ ils voulaient découvrir un autre pays.
   - c ☐ on les persécutait en France.

2. Voltaire est
   - a ☐ un roi de France qui était l'ami d'un roi de Prusse.
   - b ☐ un philosophe français qui a vécu trois ans en Prusse.
   - c ☐ le plus grand ennemi de Frédéric II.

3. La Grande Guerre, c'est un autre nom pour
   - a ☐ la guerre franco-allemande.
   - b ☐ la Première Guerre mondiale.
   - c ☐ la Seconde Guerre mondiale.

4. Pendant la Seconde Guerre mondiale,
   - a ☐ l'armée allemande n'a pas pu entrer dans Paris.
   - b ☐ l'armée allemande est restée trois ans en France.
   - c ☐ l'armée allemande a occupé la France jusqu'en 1941.

5. L'OFAJ offre aux jeunes français des programmes pour
   - a ☐ trouver un correspondant allemand.
   - b ☐ demander la double nationalité.
   - c ☐ faire des voyages moins chers.

6. En Europe, il y a d'abord eu
   - a ☐ des échanges entre les jeunes.
   - b ☐ le Parlement Européen des Jeunes.
   - c ☐ l'Union Européenne.

2 a Fais d'abord des recherches sur ces personnalités célèbres de l'histoire européenne. Note leurs noms avec la lettre correspondante dans ton cahier. ▶ Petit dictionnaire de civilisation, p. 127

Konrad Adenauer (1876–1967) Voltaire (1694–1778) Napoléon (1769–1821) Heinrich Heine (1797–1856) Charles de Gaulle (1890–1970)

a ☐

© picture alliance / Heritage Image

b ☐

© bridgemanart.com

c ☐

© bridgemanart.com

d ☐

© Photoshot / UPPA

e ☐

© bridgemanart.com

🎧 21 **b** Ces personnalités se présentent. Écoute et note, pour chaque portrait de a, le bon numéro. Attention, il y a deux photos en trop!

▶ L 91|5 **3 a** Arthur fait un exposé sur l'empereur Charlemagne. Complète avec les mots qui conviennent. N'oublie pas de conjuguer les verbes. ▶ Verbes, p. 130–133

© bridgemanart.com

différente/e à l'époque *f.* *appeler* armées *f. pl.* aujourd'hui *vivre* en célèbre *devenir* guerres *f. pl.* *inventer* *être mort* *occuper* roi siècle *m.*

Charlemagne, qu'on ______________ en Allemagne «Karl der Große» est une personne très ______________ de l'histoire de France et même de l'Europe. Il a ______________ au VIIIème ________________ . ________________, la France était ________________ de la France qu'on connaît aujourd'hui et ses habitants s'appelaient les «Francs». ____________ 768, Charlemagne devient ____________ des Francs. Avec ses ________________, Charlemagne a fait beaucoup de ________________ en Europe. Il a ________________ plusieurs pays européens. En l'an 800, il est ________________ empereur d'Occident[1]. Charlemagne savait lire et il voulait que les enfants apprennent à lire. On dit qu'il a ________________ l'école. Il ________________ le 28 janvier 814 à Aix-la-Chapelle. ________________, il existe un prix[2] Charlemagne que reçoivent les personnes qui s'engagent pour l'Europe.

1 **l'occident** Westen 2 **le prix** Preis

22

b **Écoute et corrige ton texte de a, si nécessaire.**

4 a **Lis cet article sur ce groupe de rap franco-allemand puis complète la fiche d'identité dans ton cahier.**
▶ Méthode, p. 120/19

Zweierpasch 2 VOIX / 2 LANGUES

Développer le rap franco-allemand, voilà le projet du groupe Zweierpasch / Double deux. Deux semaines avant les élections européennes, les frères Neumann sortent un nouvel album pour l'amitié et la coopération entre les peuples.

Till et Félix Neumann, 30 ans, ont grandi dans le village de Sennfeld à quelques kilomètres de la frontière française dans le Bade-Wurtemberg. Till profite de cette situation pour décrocher un diplôme de journalisme à Strasbourg, pendant que Félix poursuit un master en sciences sociales à l'université de Fribourg-en-Brisgau. Amateurs de Hip Hop et de rap, les frères fondent le groupe Zweierpasch. Le concept: poser des textes français et allemands sur des beats jazzy, funky en incluant des éléments du reggae. En septembre 2011, le morceau *Frontalier/Grenzgänger* s'impose comme l'hymne du rap franco-allemand. Le titre débute notamment avec un extrait du discours de Charles de Gaulle sur le Traité de l'Élysée. En août 2013, l'album *Toutes les bonnes choses arrivent par deux* est dans les bacs. Consécration[1]: pour les 50 ans du traité, les frères Neumann sont invités au Château Bellevue et se produisent devant le président fédéral Joachim Gauck.

Zweierpasch est de retour. L'album *Mon Chemin* et le titre *Friedenstauben* (Colombes de la Paix) vantent le projet européen. L'objectif: condamner[2] le racisme, les populismes de droite et appeler à la coopération entre les États et les peuples du Vieux Continent.

1 **la consécration** Anerkennung 2 **condamner** verurteilen

Nom du groupe en allemand:
Nom du groupe en français:
Nom des deux chanteurs:
Relation entre les deux chanteurs:

Style de musique:
Langue(s) utilisée(s):
Thème(s) préféré(s):
Date et lieu du concert le plus célèbre:

b **Dein Vater möchte wissen, warum man von Charles de Gaulle in einem Artikel über diese Rap-Gruppe spricht. Du erklärst es ihm.** ▶ Méthodes, p. 126/27

L 92–95 **1** **Est-ce que tu comprends ce que ton/ta corres dit à ses copains? Relie.** ▶ Les mots pour le dire, p. 213/32

Français standard			Français familier
On m'a raconté un truc de fou.	1	a	Ça n'en finit plus!
J'ai très mal à la tête et je ne peux pas continuer à travailler.	2	b	C'est hallucinant!
Hier, j'ai rencontré quelqu'un que je ne pensais pas voir!	3	c	Excuse-moi, pour moi, c'est du charabia!
Tu m'énerves!	4	d	Je suis tombé sur Luc!
Je fais mes devoirs depuis trois heures et je n'ai même pas fini la moitié!	5	e	Tu me soûles!
Je ne comprends pas ce que tu me dis.	6	f	Je n'en peux plus!

2 **Voici le message d'Abel que tu as trouvé dans un forum sur Internet. Lis-le et réponds-lui. Donne-lui des conseils.** ▶ Méthodes, p. 124 / Fiche I

> Je n'en peux plus! La corres de ma sœur me suit partout et je ne sais pas comment lui dire que ça me soûle! Vous avez une idée pour qu'elle me lâche? **Abel**

[Einleitung und Reaktion] ____________________

____

____

____

[Meinung] ____________________

____

[Persönliche Erfahrung] ____________________

____

____

____

____

[Rat] ____________________

____

____

[Verabschiedung] ____________________

3 **a** L 96|13 **D'abord les bonbons et après le cinéma? Lis les phrases et souligne ce qui s'est passé d'abord.** ▶ Repères, p. 99/1

1. Quand j'ai ouvert mon sachet de bonbons, le film avait déjà commencé.
2. Quand le film a commencé, j'avais déjà mangé tous mes bonbons.

3. Océane avait raté son test et elle était triste.
4. Océane était triste. Alors, elle a raté son test.

5. Quand je suis arrivé au café, mes potes partaient.
6. Quand je suis arrivé au café, mes potes étaient partis.

7. Quand Luc a découvert la boulangerie, il avait déjà dépensé tout son argent.
8. Luc a découvert la boulangerie et il y a dépensé tout son argent.

b Note pour chaque image le numéro de la phrase de **a** qui correspond.

4 a Karim attend son corres depuis une heure! Relie ce qui va ensemble et complète avec l'infinitif des verbes *aller, tenir, venir, se souvenir.* ▶ Verbes, p. 133

durchhalten	1	a	______ le coup
sich an eine Nummer erinnern	2	b	______ chercher quelqu'un
jemanden abholen	3	c	______ de l'année dernière
mit dem Fahrrad kommen	4	d	______ en vélo
sich an letztes Jahr erinnern	5	e	______ d'un numéro

b Révise la conjugaison des verbes de **a**. Puis lis les phrases et complète-les dans ton cahier. ▶ Verbes, p. 133

1. Mon corres voulait m'appeler mais *(er hat sich nicht an meine Nummer erinnert)*.
2. J'attends depuis une heure mais *(er ist noch nicht gekommen um mich abzuholen)*.
3. *(Ich hoffe, dass er nicht mit dem Fahrrad kommt)* parce que ma valise est drôlement lourde!
4. *(Ich erinnere mich noch an letztes Jahr)* quand il a oublié qu'on avait rendez-vous.
5. Il fait froid mais *(ich halte es bis 18 Uhr durch)*.

5 Ton/Ta corres français/e demande un truc bizarre. Complète le dialogue pour expliquer le malentendu. ▶ Livre, p. 97/15; Les mots pour le dire, p. 213/32

▶ 97|15

autre chose | le bon mot | par exemple | décrire | c'est un truc qui ressemble à | tu veux dire | un truc pour | comment est-ce que tu dis | ça veut dire

Ton corres: Ich brauche einen Kompass für meine Mathe-Arbeit.

Toi: «Kompass»? Tu es sûr que c'est ______? Parce que «Kompass», c'est ______ pour trouver son chemin quand on marche en montagne, ______.

Ton corres: Ah! Non, je veux dire ______, je voudrais un truc pour dessiner!

Toi: Ah, ______ «ein Zirkel»! Tiens, voilà. Mais ______ «Zirkel» en français?

Ton corres: «Zirkel», en français, ______ «compas». Et qu'est-ce que c'est «Kompass»? Tu peux ______ ce truc encore une fois?

Toi: Un «Kompass», ______ une montre et qui donne la bonne direction.

Ton corres: Ah! Alors, c'est une boussole!

Fais le point!

Vocabulaire

1 **Qu'est-ce qui va ensemble? Fais des paires de contraires.**

1 au bout d'un moment **2** être mort/e **3** hésiter **4** ne pas faire grand-chose **5** Je tiens le coup! **6** se cacher **7** être dégoûté/e **8** pleurer **9** être mal à l'aise

a se montrer **b** se sentir bien **c** être né/e **d** tout de suite **e** être sûr/e **f** trouver formidable **g** rigoler **h** travailler beaucoup **i** Je n'en peux plus!

Le plus-que-parfait

2 a **Chloé est rentrée d'Allemagne. Complète les phrases avec les participes passés qui manquent.**

1. Chloé n'avait pas ______________ son maillot de bain quand ils sont ______________ à la plage. *(prendre / partir)*
2. Le soir, Till et sa sœur n'avaient pas ______________ de manger quand ils ont ______________ la table. *(finir / quitter)*
3. Chloé est ______________ seule à la maison parce que sa corres était ______________ au club de foot. *(rester / partir)*
4. Maja a ______________ activement au cours d'histoire parce qu'elle avait déjà ______________ un exposé sur ce thème. *(participer / faire)*
5. Chloé avait ______________ beaucoup de progrès en allemand quand elle est ______________ en France. *(faire / revenir)*

b **Surligne dans chaque phrase de a l'action qui s'est passée d'abord.**

Qu'est-ce qu'on dit?

3 **Relie, puis complète les phrases pour expliquer un malentendu.**

Wie sagt man „Schlagzeug" auf französisch? **1**	**a** Tu veux ______________ «un comprimé», pas «une tablette».
Es handelt sich um eine Sache, die man zum Kochen braucht. **2**	**b** ______________ est-ce qu'on dit «Schlagzeug» en français?
Du meinst „Tablette", nicht „Schokoladentafel". **3**	**c** Il ______________ d'une chose qu'on utilise pour faire la cuisine.
Das ist etwas, was man in der Schule benutzt. **4**	**d** «Glas» ne ______________ pas dire «glace» ______________ «verre».
Das sieht wie eine Tasche aus aber es ist kleiner. **5**	**e** Ça ______________ à un sac mais c'est plus petit.
„Glas" bedeutet nicht „glace" sondern „verre". **6**	**f** C'est quelque chose qu'on ______________ à l'école.

Solutions, p. 4 du Cahier de solutions

Situation 1

Vous avez offert à votre ami/e un CD pour son anniversaire. Malheureusement, il/elle l'a déjà. Vous retournez à la Fnac pour l'échanger. Discutez avec le vendeur / la vendeuse pour trouver une solution. **B** joue le rôle du vendeur / de la vendeuse.

A

Situation 2

Vous voulez participer à l'atelier théâtre du collège. Vous essayez de convaincre votre corres de s'inscrire avec vous. Malheureusement, il/elle a peur de jouer devant un public. Vous essayez de le/la convaincre de s'inscrire aussi. **B** joue le rôle de votre corres.

A

Situation 3

Vous avez participé à un cours de langue en France. À la fin du séjour, vous discutez avec votre professeur pour savoir comment continuer votre apprentissage du français (préparation d'un diplôme, lecture, émissions en français à la télé). Il/Elle vous donne des conseils. **B** joue le rôle du professeur.

A

220044539

Situation 4

Votre corres a gagné un voyage pour deux personnes au Canada. Vous aimeriez qu'il/elle vous invite. Vous lui expliquez pourquoi et vous essayez de le convaincre. **B** joue le rôle de votre corres.

A

Situation 5

Vous êtes invité/e chez un/e ami/e français/e pour fêter son anniversaire. Vous avez préparé un gâteau mais il est resté trop longtemps au four et il a brûlé. Vous racontez comment cela s'est passé et vous essayez de trouver une solution avec la famille de votre corres (faire un nouveau gâteau, acheter un gâteau à la pâtisserie, acheter autre chose). **B** joue le rôle de la mère / du père de famille.

A

Situation 1

Vous êtes vendeur/vendeuse à la Fnac. Un/e client/e veut échanger un CD qu'il/elle a acheté.

B

1. Bonjour. Qu'est-ce que je peux faire pour vous?
2. Pourquoi est-ce que vous ne vous êtes pas renseigné/e avant?
3. Est-ce que vous avez gardé le ticket de caisse?
4. Est-ce que vous voulez acheter autre chose?
5. Qu'est-ce que votre ami/e aime à part la musique?

Situation 2

Votre corres vous demande de participer avec lui/elle à l'atelier théâtre du collège. Vous refusez car vous avez peur de jouer devant un public.

B

1. Pourquoi est-ce que tu veux faire du théâtre?
2. Ça nous fait rester un après-midi en plus au collège. C'est vraiment ce que tu veux?
3. Est-ce que tu sais déjà qui va participer à cet atelier?
4. Tu ne penses pas que ça va être dur d'apprendre le texte?
5. Est-ce que tu connais le titre du spectacle?

Situation 3

Vous êtes professeur de français dans une école de langue en France. À la fin d'un séjour, un/e élève vous demande des conseils pour continuer son apprentissage du français.

B

1. Est-ce que vous avez des questions ? Je vous écoute.
2. Avez-vous pensé à passer à un diplôme international comme le DELF, par exemple?
3. Est-ce que vous préférez lire ou regarder la télé?
4. Comment est-ce que vous allez rester en contact avec vos amis français?
5. Est-ce que vous avez réfléchi à d'autres possibilités?

Situation 4

Vous avez gagné un voyage pour deux personnes au Canada. Votre corres aimerait que vous l'invitiez et essaye de vous convaincre.

B

1. Regarde! J'ai gagné ce voyage au Canada? À qui est-ce que je pourrais demander de venir avec moi?
2. Est-ce que ça te plairait, le Canada?
3. Le voyage aura lieu en octobre. Est-ce que tu auras le temps?
4. Est-ce que tu auras assez d'argent pour le séjour?
5. Qu'est-ce que tu pourrais faire pour gagner de l'argent?

Situation 5

Le/La corres de votre fils/fille est invité/e à l'anniversaire d'un/e ami/e. Malheureusement, le gâteau qu'il/elle a préparé a brûlé. Vous discutez pour trouver une solution.

B

1. Qu'est-ce qui se passe? Tu as l'air malheureux/-euse?
2. Comment est-ce que cela s'est passé?
3. Qu'est-ce que tu vas faire maintenant?
4. Tu veux que je te donne un peu d'argent?
5. Qu'est-ce que tu veux lui apporter?

Situation 6

Vous êtes en vacances à Paris. Dans le métro, on vous a volé votre sac. Vous allez au commissariat pour faire une déclaration de vol. Vous expliquez ce qui s'est passé et essayez de trouver une solution. B joue le rôle du policier / de la policière.

A

Situation 7

Vous êtes chez votre corres en France. Ses parents sont très gentils et vous proposent beaucoup d'excursions. Pourtant, vous aimeriez aussi passer du temps avec des jeunes de votre âge. Vous discutez pour trouver une solution. B joue le rôle du père / de la mère de votre corres.

A

Situation 8

Vous êtes en échange dans une famille en France. Vous avez lu une annonce qui propose des séjours en Angleterre pour les vacances. Vous avez toujours voulu y aller. Votre corres préfère rester en France ou aller chez vous, en Allemagne. Il/Elle croit qu'il/elle n'est pas assez bon/bonne en anglais. Vous essayez de le/la convaincre. B joue le rôle de votre corres.

A

Situation 9

Vous êtes en France chez votre corres depuis une semaine. Un soir, quand vous êtes à table, les parents de votre corres disent que vous allez passer le week-end prochain en montagne avec toute la famille. Vous ne voulez pas y aller parce que vous préférez rester en ville et aller à l'anniversaire d'un copain. Vous discutez et essayez de trouver une solution. B joue le rôle du père / de la mère de votre corres.

A

Situation 10

Vous avez acheté à votre corres un CD de rock pour son anniversaire. Le vendeur / La vendeuse vous l'a vendu dans un joli papier. Quand votre corres ouvre le paquet, c'est un CD de musique classique. Vous retournez au magasin, vous vous plaignez et vous essayez de l'échanger. B joue le rôle du vendeur / de la vendeuse.

A

Situation 6

Vous êtes policier/policière dans un commissariat. Une personne arrive pour faire une déclaration de vol.

1. Bonjour. Qu'est-ce que je peux faire pour vous?
2. Comment est-ce que cela s'est passé?
3. Où est-ce que cela s'est passé?
4. Qu'est-ce qu'il y avait dans votre sac?
5. Est-ce qu'il y a des témoins[1]?

1 **le/la témoin** der Zeuge / die Zeugin

B

Situation 7

Le corres de votre fils/fille ne veut pas partir en excursion avec vous. Vous discutez pour trouver une solution.

1. Tu n'as pas le moral. Qu'est-ce que tu as?
2. Qu'est-ce que toi, tu veux faire?
3. Qu'est-ce que tes copains et toi allez faire ensemble?
4. Tu n'as pas envie de découvrir notre région?
5. Est-ce que tu préfères te reposer le week-end?

B

Situation 8

Votre corres allemand/e veut aller en Angleterre pendant les vacances et vous propose de l'accompagner. Vous préférez rester en France ou même aller en Allemagne dans sa famille. Discutez.

1. Pourquoi est-ce que tu veux absolument aller en Angleterre?
2. Pourquoi est-ce qu'on ne reste pas en France?
3. Est-ce que tu as oublié que je voulais aller chez toi en Allemagne?
4. Est-ce que tu ne préfères pas qu'on fasse un tour de vélo dans la région?
5. Qu'est-ce que je pourrais faire pour améliorer mon anglais?

B

Situation 9

Le/La corres de votre fils/fille en veut pas passer le week-end en montagne avec vous parce qu'il/elle préfère aller à la fête d'anniversaire d'un copain. Vous discutez.

1. Pourquoi est-ce que tu ne veux pas partir avec nous?
2. Est-ce que tu n'aimes pas marcher en montagne?
3. Comment s'appelle le jeune qui fête son anniversaire?
4. Où est-ce que tu vas dormir et manger?
5. Qui est-ce qui va s'occuper de toi, ce week-end?

B

Situation 10

Vous travaillez à la Fnac. Un/e client/e veut échanger un CD de musique classique contre un CD de rock.

1. Est-ce que je peux vous aider?
2. Est-ce que vous avez le ticket de caisse?
3. Pourquoi est-ce que vous n'avez pas gardé le bon ticket de caisse?
4. Est-ce que vous voulez choisir un autre CD?
5. Qu'est-ce qui pourrait aussi plaire à votre copain?

B

Situation 11

Pendant un séjour en France, vous voulez aller au concert de votre groupe de rock préféré. Vous proposez à votre corres d'y aller avec vous. Il/Elle refuse parce qu'il/elle n'aime pas le rock. Par contre, c'est important pour vous qu'il/elle vous accompagne parce que sinon sa mère ne va pas vous y conduire. Vous expliquez pourquoi c'est important et vous essayez de trouver une solution. **B** joue le rôle du corres.

A

Situation 12

Pendant votre séjour en France, vous voulez aller en ville en rollers. Le père / La mère de votre corres n'est pas d'accord. Il/ Elle dit que c'est trop dangereux. Vous essayez de le/la faire changer d'avis. **B** joue le rôle du père / de la mère de votre corres.

A

Situation 13

Pendant votre séjour en France, vous passez quelques jours dans la classe de votre corres. Un jour, vous êtes malade et vous devez aller à l'infirmerie. Expliquez à l'infirmier / l'infirmière ce qui ne va pas et demandez des conseils. **B** joue le rôle de l'infirmier / l'infirmière.

A

Situation 14

Pendant un échange en France, vous ne vous sentez pas bien dans la famille de votre corres. On ne s'occupe pas assez de vous, les parents de votre corres rentrent tard le soir et personne ne fait la cuisine. Vous en parlez avec un accompagnateur / une accompagnatrice et vous essayez de trouver une solution. **B** joue le rôle de l'accompagnateur / l'accompagnatrice.

A

Situation 15

Vous êtes en France chez votre corres. Un jour, votre corres rentre du collège et n'a pas le moral. Il/Elle a eu une mauvaise note en allemand. Vous le/la calmez, vous lui proposez de l'aider et vous essayez de trouver une solution. Vous parlez aussi d'activités que vous pourriez faire ensemble. **B** joue le rôle de votre corres.

A

Situation 11

Votre corres veut aller à un concert de rock et vous propose de l'accompagner. Or, vous détestez le rock. Discutez.

1. Pourquoi est-ce que tu veux aller à ce concert?
2. Est-ce qu'on ne pourrait pas choisir un autre concert?
3. Je ne sais pas si ma mère va nous conduire. Est-ce que tu peux le lui demander?
4. Tu pourrais me prêter de l'argent pour le billet d'entrée?
5. Qu'est-ce que je fais si ça ne me plaît pas du tout?

B

Situation 12

Le corres de votre fils/fille veut aller en ville en rollers. Vous n'êtes pas d'accord.

1. Pourquoi est-ce que tu veux aller en ville en rollers?
2. Est-ce que tu fais du roller chez toi?
3. Que vont dire tes parents si tu as un accident?
4. Est-ce que tu es sûr de bien connaître le chemin?
5. Pourquoi est-ce que tu ne veux pas qu'on prenne la voiture?

B

Situation 13

Vous êtes infirmier/infirmière dans un collège. Un jour, le corres d'un élève du collège vient à l'infirmerie.

1. Qu'est-ce qui ne va pas?
2. Où est-ce que tu as mal?
3. Tu veux que j'appelle les parents de ton corres?
4. Est-ce que tu veux prendre un médicament contre le mal de tête?
5. Jusqu'à quelle heure est-ce que tu cours, aujourd'hui?

B

Situation 14

Vous êtes prof et participez à un échange avec votre classe. Un/e élève ne se sent pas bien dans sa famille. Vous discutez.

1. Tu as l'air malheureux. Qu'est-ce qui se passe?
2. Qu'est-ce qui ne te plaît pas dans cette famille?
3. Est-ce que quelqu'un s'occupe de toi tout le temps en Allemagne?
4. Qu'est-ce que tu manges le soir, en Allemagne?
5. Quels plats est-ce que tu sais préparer?

B

Situation 15

Vous rentrez du collège et n'avez pas le moral parce que vous avez encore eu une mauvaise note en allemand. Vous en parlez à votre corres allemand qui est en ce moment en échange chez vous.

1. Qu'est-ce que je pourrais faire pour avoir de meilleures notes?
2. Comment est-ce que toi, tu organises ton travail?
3. Est-ce que tu pourrais m'aider pour les devoirs?
4. Tu connais des sites Internet sympa pour réviser?
5. Où est-ce que je pourrais regarder des films en allemand?

B

Situation 16

Vous faites un échange dans une famille en France. Vous voudriez faire un petit boulot pour avoir plus d'argent de poche. Les parents de votre corres ne sont pas d'accord. Ils ont peur que vous ne soyez plus assez sérieux au collège. Vous discutez avec eux et vous essayez de trouver une solution. B joue le rôle du père / de la mère de votre corres.

A

Situation 17

Avec vos copains, vous voulez organiser une fête surprise pour l'anniversaire de votre corres. Vous en parlez à ses parents et leur demandez la permission. Ils ne sont pas d'accord (trop de bruit, alcool). Vous discutez avec eux et vous essayez de les convaincre. B joue le rôle du père / de la mère de votre corres.

A

Situation 18

Votre corres est chez vous en Allemagne. Il/Elle voudrait aller en ville, mais vous ne pouvez pas l'accompagner parce que vous devez finir un exposé. Il/Elle n'est pas content/e. Vous lui expliquez comment il/elle peut aller en ville et vous lui dites ce qu'il/elle peut faire. B joue le rôle de votre corres.

A

Situation 19

Pendant les vacances d'été, vous faites un stage dans un hôtel en France. Vous n'êtes pas content/e parce que vous travaillez souvent plus longtemps que prévu et que vous n'avez pas toujours de journée libre dans la semaine. Vous en parlez à votre chef. Vous lui expliquez la situation et vous essayez de trouver une solution. B joue le rôle du chef.

A

Situation 20

Vous êtes chez votre corres en France. Il/Elle veut un piercing et vous demande votre avis. Vous êtes contre les piercings. Vous lui expliquez pourquoi et vous essayez de le/la faire changer d'avis. B joue le rôle de votre corres.

A

Situation 16

Le/La corres de votre fils/fille veut faire un petit boulot pour gagner de l'argent de poche. Vous n'êtes pas d'accord.

1. Qu'est-ce que tu voudrais faire comme travail?
2. Pourquoi est-ce que tu as besoin de plus d'argent de poche?
3. Est-ce que tu travailles aussi quand tu es chez toi?
4. Est-ce que tu auras assez de temps pour le collège?
5. Quand est-ce que tu vas faire tes devoirs?

B

Situation 17

Le/La corres de votre fils/fille veut organiser une fête surprise pour l'anniversaire de votre fils/fille. Vous n'êtes pas d'accord.

1. Combien de personnes est-ce que tu as invitées? Qui va venir?
2. Qui va contrôler les boissons?
3. Qu'est-ce que vous ferez s'il ne fait pas beau?
4. Où est-ce que vous allez préparer le buffet?
5. À quelle heure est-ce que vous voulez commencer/finir la fête?

B

Situation 18

Votre corres ne veut pas venir avec vous faire un tour en ville. Vous n'êtes pas content/e.

1. Pourquoi est-ce qu'on ne va pas faire un tour en ville?
2. Comment est-ce que j'y vais?
3. Où est-ce que je peux retrouver les copains?
4. Qu'est-ce qu'on peut faire en ville?
5. À quelle heure est-ce que je dois rentrer?

B

Situation 19

Vous êtes le chef d'un hôtel en France. Un/e stagiaire allemand/e n'est pas content/e des conditions de travail.

1. Qu'est-ce que tu as? Il y a quelque chose qui ne va pas?
2. Est-ce que tu n'as pas envie de travailler plus pour gagner plus?
3. Qu'est-ce qui est le plus fatigant dans ton travail?
4. Pourquoi est-ce que tu as choisi de faire un stage dans un hôtel?
5. Est-ce que tu as déjà fait un stage en Allemagne?

B

Situation 20

Vous avez envie d'un piercing. Votre corres essaye de vous faire changer d'avis.

1. Pourquoi est-ce que tu n'aimes pas les piercings?
2. Est-ce qu'il y a vraiment des risques?
3. Est-ce que tu connais quelqu'un qui a eu des problèmes avec un piercing?
4. Est-ce que tu trouves qu'un tatouage, c'est mieux?
5. Est-ce que tu peux m'aider à convaincre mes parents?

B

À toi ! 4

Cahier de solutions

Cornelsen

Dossier 1, p. 12–13

1

1. Cette entreprise s'engage pour de meilleures **conditions** de travail.
2. Tu veux changer le monde? Deviens membre de notre **association**.
3. Tout ce qui se mange, c'est de la **nourriture**.
4. Quand on fait une **enquête**, on demande aux gens leur avis.
5. Grâce au portable, je suis toujours en **contact** avec ma corres.

2

1. participer
2. la course
3. le respect
4. l'humoriste
5. le travail
6. le départ

3

1. le bonheur
2. la confiance
3. la honte
4. la passion
5. le malheur
6. la patience
7. le plaisir

4

1. J'utilise mon ordinateur **moins souvent que** mon portable.
2. Romain parle **plus calmement que** Gilles.
3. Je sais **mieux** chatter **que** surfer.
4. Ce matin, je me suis levé **aussi tôt qu'**hier.

5

1. **Personne ne** le dérange.
2. Nous **n'avons plus** faim.
3. Tu **ne connais pas** notre association?
4. Je **n'ai jamais** vu le désert.
5. **Rien ne** marche aujourd'hui: **ni** mon portable, **ni** mon ordinateur.

6

1. Des filles courent sur la plage.
2. Nico court très vite.
3. Nous rions de ses blagues.
4. Marie ne rit jamais!

7

1. Nous **voudrions** te demander ton avis. → e
2. Ça te **plaîrait** de participer à notre action? → b
3. Vous **pourriez** répéter, s'il vous plaît? → d
4. Tu **devrais** absolument le voir. → a
5. Je crois que Jules et Jim **auraient** envie de partir. → c

8

1 → e
2 → b
3 → a
4 → c
5 → d

Dossier 2, p. 22–23

1

1. biodégradable
2. ironique
3. cassé
4. polluante

2 a

1. laver
2. recevoir
3. économiser
4. recycler/trier
5. éteindre

b

1. Anna **éteint son smartphone / la lumière / son ordinateur** avant de se coucher.
2. L'année dernière, **nous avons reçu de l'argent** pour Noël: 50 euros!
3. Est-ce que tu **as** déjà **lavé les fruits** pour le dessert?
4. Avec ces panneaux solaires, ils **économisent l'électricité**.
5. Dans mon collège, on **trie le verre / recycle des journaux**.

3
1. Vous **éteignez** la musique ou j'appelle la police!
2. Vous n'**avez** pas **reçu** notre message?
3. Nos voisins **reçoivent** toujours plein de paquets!
4. Pourquoi est-ce que tu **éteins** les bougies?

4
1. Il vaut mieux ranger sa chambre avant d'inviter ses copains.
2. Il vaut mieux laver le linge avant de le ranger.
3. Il vaut mieux lire le texte avant de répondre aux questions.
4. Il vaut mieux s'habiller avant de sortir.
5. Il vaut mieux économiser de l'argent avant de partir en vacances.
6. Il vaut mieux profiter de la vie avant d'être vieux.

5
Arthur est **aussi riche que** sa sœur. Il a **autant de vêtements qu'**elle. Mais il a **plus de chaussures de sport qu'**elle parce **qu'il est plus sportif qu'**elle. Par contre, ils ont tous les deux **autant d'appareils électriques**: un smartphone, un ordinateur et une console. Élise a **moins de jeux vidéo que** son frère parce qu'elle est **moins fan que** lui! Mais elle est **aussi motivée qu'**Arthur pour regarder des DVD de Dani Boon.

6
1. C'est dommage! Ils **n'ont marqué qu'**un but.
2. C'est nul! Il **n'a chanté que** vingt minutes.
3. C'est bizarre! Ils **ne vendent que** des plats végétariens.
4. C'est génial! Ça **ne coûte que** 2 €.
5. C'est super! Je **n'ai fait qu'**une faute.
6. C'est triste! Il **n'a que** deux fans.

7
1. On admire beaucoup ce chanteur à cause de/pour son engagement.
2. Pendant le cours d'histoire-géo, on discute des problèmes de la forêt tropicale.
3. Ici on parle allemand.
4. Dans la publicité, on suggère l'amour de la nature avec / grâce à la couleur verte.

Dossier 3, p. 32–33

1
1. Fatma aime **créer** des vêtements. C'est pourquoi elle cherche un métier **créatif**. Elle fera peut-être une formation de **styliste** parce qu'elle connait beaucoup de **styles** différents.
2. Son frère Babou aime la nature et surtout les **fleurs**. C'est pourquoi il veut devenir **fleuriste**.
3. Qui peut **conseiller** ces jeunes? Beaucoup ont besoin d'un bon **conseil** pour choisir un métier.
4. Pour réussir dans la vie, il faut avoir des **rêves**. Alors moi je n'arrête pas de **rêver**!

2
1. Comme Victor s'est levé trop tard, il a raté le/son bus.
2. Comme il est allé au stade en vélo, il est arrivé trop tard.
3. Comme il n'a pas pu jouer, son équipe a perdu.
4. Comme il n'a pas pris de/son petit-déjeuner, il s'est acheté une boisson.
5. Comme il est rentré plus tôt à la maison, il a regardé la télévision.

3
1. Je ne peux pas te répondre maintenant, mais je te **répondrai** demain.
2. Nous ne pouvons pas venir tout de suite, mais nous **viendrons** cet après-midi.
3. Aujourd'hui, il ne fait pas très beau mais demain il **fera** beau.
4. Tu n'as pas reçu de réponse à ta candidature? Tu la **recevras** sûrement demain.
5. Vous n'avez pas fini votre rapport de stage? Vous le **finirez** plus tard.

4
1. **Si tu t'entraînes** tous les jours, **tu auras** de bons résultats.
2. **Si tu trouves** une amie sportive comme toi, **vous pourrez** vous entraîner ensemble.
3. **Si tu organises** bien ta journée, **tu iras** loin.
4. **Si tu veux**, **je viendrai** avec toi le jour du concours.
5. **Si tu réussis** le concours, **nous serons** tous fiers de toi.

5 David Capy a eu une vie très intéressante. Quand il était jeune, son prof lui a dit: «**Suis** mon conseil et **poursuis** ta formation!». Alors, après son brevet, David **a suivi** des cours. Il **a** même **vécu** à l'étranger. Aujourd'hui, il **vit** à Bordeaux et il **poursuit/vit** son rêve d'enfant: inventer des recettes de gâteaux. Est-ce que ses enfants **suivront** son exemple plus tard?

6 1 → d 2 → c 3 → e 4 → f 5 → b 6 → a

Dossier 4, p. 42–43

1

1. espionner = surveiller
2. se battre = se disputer
3. s'occuper de = être responsable
4. car = parce que
5. dépenser ≠ économiser
6. seul ≠ ensemble
7. lâche ≠ courageux
8. finir ≠ durer

2 1. Djibril 2. Stéphane 3. Isabelle 4. Marius

Voici mes potes. Marius a **le moins d'**argent de poche mais il a **le plus de** fringues parce que sa grand-mère lui en offre souvent. Isabelle a **le plus de** portables mais elle a **le moins de** temps parce qu'elle chatte tout le temps. C'est Djibril qui a **le plus de** trucs pour faire du sport. Et moi, j'ai **le moins de** jeux vidéo mais **le plus de** livres de toute la bande.

3

1. Il faut que tu sois courageux. → **Du musst mutig sein.**
2. Je ne veux pas que tu y ailles sans moi. → **Ich will nicht, dass du ohne mich dahin gehst.**
3. Il ne faut pas que tu aies peur. → **Du sollst/darfst keine Angst haben.**
4. Il ne faut pas que on fasse du bruit. → **Wir dürfen keinen Lärm/Krach machen.**
5. Je voudrais qu'on prenne un autre chemin. → **Ich möchte, dass wir einen anderen Weg nehmen.**

4

1. C'est devant notre maison qu'ils rangent leurs vélos!
2. C'est un graffiti que leurs enfants font sur notre voiture!
3. C'est leur chien qui joue avec notre poubelle!
4. C'est avec notre fille que le fils du voisin sort!

5

2. Magnus travaille **moins durement** que Paul. Mais c'est Timo qui travaille **le moins durement**.
3. Paul rigole **plus souvent** que Timo. Mais c'est Magnus qui rigole **le plus souvent**.
4. Timo s'habille **moins tristement** que Magnus. Mais c'est Paul qui s'habille **le moins tristement**.
5. Paul s'organise **mieux** que Timo. Mais c'est Magnus qui s'organise **le mieux**.

6 1 → b 2 → f 3 → c 4 → e 5 → g 6 → a 7 → d

Dossier 5, p. 48

1 1 → d 2 → c 3 → e 4 → h 5 → i 6 → a 7 → f 8 → g 9 → b

2 a

1. Chloé n'avait pas **pris** son maillot de bain quand ils sont **partis** à la plage.
2. Le soir, Till et sa sœur n'avaient pas **fini** de manger quand ils ont **quitté** la table.
3. Chloé est **restée** seule à la maison parce que sa corres était **partie** au club de foot.
4. Maja a **participé** activement au cours d'histoire parce qu'elle avait déjà **fait** un exposé sur ce thème.
5. Chloé avait **fait** beaucoup de progrès en allemand quand est **revenue** en France.

3

1 → b **Comment** est-ce qu'on dit «Schlagzeug» en français?
2 → c Il **s'agit** d'une chose qu'on utilise pour faire la cuisine.
3 → a Tu veux **dire** «un comprimé», pas «une tablette».
4 → f C'est quelque chose qu'on **utilise** à l'école.
5 → e Ça **ressemble** à un sac mais c'est plus petit.
6 → d «Glas» ne **veut** pas dire «glace» **mais** «verre».

Conversation 1

S'entraîner à l'examen, p. 50

23 **1**

	1	2	3	4	5	6	7	8	9	10
☺	X		X	X				X	X	
☹		X			X	X	X			X

24 **2**

1. Tu n'as pas l'air en forme. / <u>Tu as l'air en forme</u>.
2. Je vais avoir deux heures de maths. / <u>Je viens d'avoir deux heures de maths</u>.
3. Il n'y a pas d'humour dans la vie. / <u>Il n'y a pas que l'humour dans la vie</u>.
4. <u>Il ne rit pas beaucoup</u>. / Il rit beaucoup.
5. Je te laisse toute seule. / <u>Je te laisse tout seul</u>.
6. <u>Qu'est-ce que tu en penses?</u> / Est-ce que tu y penses?
7. Je n'aime pas les histoires de sœurs. / <u>Je n'aime pas les histoires de cœur</u>.

Examen blanc, p. 50

25 **3**

1. Tom est crevé parce qu'il
   ☒ vient d'avoir deux heures de maths avec M. Thierry.
   ☐ vient de voir les sœurs de Thierry.
   ☐ vient de faire du sport avec Thierry.

2. Pourquoi est-ce que Tom ne veut pas aller au cinéma avec sa sœur?
   ☐ Il n'a plus d'argent de poche.
   ☐ Il n'a pas encore son argent de poche.
   ☒ Il ne veut pas dépenser son argent de poche.

3. Que propose Caroline?
   Elle propose de regarder un film à la maison / de dîner devant le film.

4. Tom n'aime pas regarder
   ☐ les histoires de famille.
   ☒ les histoires de cœur.
   ☐ les histoires où on rigole.

5. D'après Caroline, Tom a un problème. Lequel?
   Tom n'est jamais content.

6. Qu'est-ce que Tom et Caroline décident finalement?
   ☐ Caroline va aller au cinéma avec une copine.
   ☒ Caroline et Tom vont regarder ensemble un film à la télé.
   ☐ Caroline et Tom vont préparer le repas.

Conversation 2

S'entraîner à l'examen, p. 51

26 **1**

	Oui	*Non*	*Corrigé*
2. Il n'y avait pas de réseau.	☒	☐	
3. On est resté bloqués pendant une heure.	☐	☒	**On est resté bloqués pendant une demi-heure.**
4. Le film devait finir à 5 heures.	☐	☒	**Le film devrait finir à 5 heures.**
5. Tu éteins la télé, d'accord?	☐	☒	**Tu allumes la télé, d'accord?**
6. Je vais dire au revoir aux enfants et je file!	☐	☒	**Je vais dire au revoir à ma fille.**

27 **2**

a	La cata, quoi!	4	**e**	Désolé, j'ai eu un problème!	3
b	Entendu, Madame Laval!	8	**f**	Oui, d'accord, merci.	6
c	Enfin, tu es là!	2	**g**	À plus tard, Madame Laval.	7
d	Ah là là, je suis vraiment en retard!	1	**h**	J'ai encore du crédit sur ma carte.	5

Examen blanc, p. 51

28 **3**

1. Maxime
   - [ ] habite chez Madame Laval.
   - [x] travaille chez Madame Laval.
   - [ ] voudrait travailler chez Madame Laval.

2. Maxime est en retard parce qu'
   - [ ] il a eu un accident.
   - [x] il y a eu un accident dans le RER.
   - [ ] il a raté le RER.

3. Pourquoi Maxime n'a-t-il pas appelé Madame Laval?
   Maxime n'avait plus de crédit sur sa carte.

4. Madame Laval demande à Maxime
   - [ ] de faire des quiches avec les enfants.
   - [ ] de regarder la télé avec les enfants.
   - [x] d'arrêter la télé dans 30 minutes.

5. Qu'est-ce que Maxime a apporté?
   Il a apporté un nouveau jeu de cartes très drôle.

6. Madame Laval rentrera
   - [ ] avant minuit.
   - [x] après minuit.
   - [ ] à minuit.

Conversation 3

S'entraîner à l'examen, p. 52

29 **1**

1. Nous partons à	[ ] 18 h 37	[x] 8 h 37	[ ] 18 h 30.
2. Nous rentrerons à	[ ] 11 h 15	[ ] 16 h 15	[x] 13 h 20.
3. Le voyage coûte	[ ] 17 €	[x] 27 €	[ ] 25 €.
4. Le voyage ne coûte pas cher pour les	[ ] moins de 27 ans.	[ ] plus de 25 ans.	[x] moins de 25 ans.

Examen blanc, p. 52

30 **2**

1. Guillaume
   - [x] ne s'entend pas avec son beau-père.
   - [ ] ne veut pas parler avec Lila.
   - [ ] ne veut pas débarrasser le lave-vaisselle.

2. Quel est le problème de Guillaume?
   Depuis que son beau-père vit chez eux, Guillaume ne se sent plus chez lui.

3. Lila va passer le week-end à la campagne
   - [x] avec sa mère, une amie de sa mère et son fils.
   - [ ] avec son père, sa mère et sa sœur.
   - [ ] avec ses copains et sa mère.

4. Pourquoi est-ce que le frère de Lila ne peut pas venir?
   Le frère de Lila ne vient pas parce qu'il a un match de foot.

5. Ils vont partir
   - ☐ vendredi soir et revenir dimanche soir à 10 h 45.
   - ☐ vendredi soir et revenir dimanche matin à 11 h.
   - ☒ vendredi soir et revenir dimanche soir à 11 heures et quart.

6. Lila conseille à Guillaume de
   - ☐ ne pas parler à sa mère.
   - ☒ ranger sa chambre avant de parler à ses parents.
   - ☐ parler à sa mère et de ranger sa chambre après.

Émission de radio 1

S'entraîner à l'examen, p. 52–53

31 **1**

- **a** 4 C'est la photographie qui l'intéresse.
- **b** 2 Il a grandi à Paris.
- **c** 6 Ses photos sont géantes.
- **d** 8 Il colle ses photos aux murs.
- **e** 1 Ses parents viennent de Tunisie.
- **f** 3 À 15 ans, il s'intéresse aux artistes de rue.
- **g** 5 Il photographie des gens qu'on ne remarque pas.
- **h** 7 Sa salle d'exposition, c'est la rue.

32 **2 a**

1. JR est très discret. / JR, c'est un secret.
2. Ses voisins ne le connaissent pas. / Ses voisins ne le reconnaissent pas.
3. Ses photos sont gênantes. / Ses photos sont géantes.
4. En 2007, il a fait une exposition. / En 2017, il a fait une exposition.
5. Le long de la frontière. / C'est long, la frontière?
6. Les gens se ressemblent. / Les gens se rassemblent.
7. Un des monuments les plus importants. / Un monument qui n'est plus important.

33 **b**

1 ☐

2 ☐

3 ☒

une barbe, des lunettes de soleil noires, un chapeau

Examen blanc, p. 53

34 **3**

1. Que sait-on de l'artiste JR?
   - ☐ Personne ne le connaît.
   - ☐ On connaît son visage.
   - ☒ On connait son look.

2. Que représentent les lettres «JR»?
   Ce sont les premières lettres de son nom / ses initiales.

3. D'où viennent les parents de JR et où habitent-ils?
   Ses parents viennent de Tunisie et habitent à Paris.

4. JR aime
   - ☒ coller des photos de gens inconnus sur les murs.
   - ☐ dessiner des portraits et les coller sur les murs.
   - ☐ prendre des photos de stars et les coller aux murs.

5. JR colle ses photos
   - ☐ seulement à des endroits où c'est permis.
   - ☒ à des endroits où ce n'est pas permis.
   - ☐ seulement à des endroits où ce n'est pas dangereux.

6. JR fait du street art parce que/qu'
   pour lui, le street art, ça veut dire s'engager.

Émission de radio 2

S'entraîner à l'examen, p. 54

1

le produit	l'emballage	le label
bio, l'huile, la viande, la qualité, régional	la bouteille, la boîte, recycler, polluer	bio, respecter des règles, la qualité, AB, régional

35 **2**

1. Triez vos déchets! / Jetez vos déchets!
2. S'il y a un label très clair. / S'il y a un label vert clair.
3. Une flèche vert foncé. / Le feu est vert: Foncez!
4. Savons-nous bien les lire? / Savons-nous bien lire?
5. Ce label est peu connu. / Ce label est un peu moins connu.
6. Les produits ont de plus en plus de labels. / Les produits n'ont plus de labels.

Examen blanc, p. 54

36 **3**

1. Cette émission de radio a pour principal objectif d'informer sur
   - ☐ les produits dans les supermarchés.
   - ☒ les étiquettes sur les produits.
   - ☐ les jeunes consommateurs.
2. De quelle couleur est le label AB? Qu'est-ce qu'il veut dire?
   a) **Le label AB est vert.**
   b) **Il signifie qu'il s'agit de produits bio.**
3. Que garantit le label rouge?
   Il signifie que le produit est de très grande qualité.
4. Le logo AOC se trouve sur
   - ☒ certains produits régionaux.
   - ☐ le fromage seulement.
   - ☐ l'huile et le fromage seulement.
5. Le camembert qui porte le logo AOC est fait
   - ☐ en Tunisie.
   - ☒ avec du lait qui vient de Normandie.
   - ☐ en Camargue.
6. Dans quels pays trouve-t-on aussi le label AOC?
   On le trouve aussi en Suisse, en Belgique, en Tunisie et au Maroc.

Émission de radio 3

S'entraîner à l'examen, p. 55

37 **1 a**

1999	1995	1950	1977	1979	1991
X		X	X		X

38 **b**

03.85.41.21.70	03.95.48.20.13	03.88.41.20.09	03.95.51.21.12	03.88.42.21.15
X		X		X

39 **c**

2	28	13	3	5	15	8	9
X	X		X	X			X

Examen blanc, p. 55

40

2

1. Cette émission de radio informe sur
   ☐ la fin de la Seconde Guerre mondiale.
   ☐ des fêtes gastronomiques dans les trois capitales européennes.
   ☒ la journée de l'Europe à Strasbourg.

2. Dans quelle partie de la ville le parlement Européen se trouve-t-il?
   Il se trouve dans le quartier européen, à deux kilomètres du centre.

3. Depuis quand le parlement Européen est-il à Strasbourg?
   Il existe depuis 1999.

4. Pendant la journée portes-ouvertes,
   ☐ les visites guidées durent 30 minutes.
   ☒ il y a des visites toutes les 30 minutes.
   ☐ il y a des visites toutes les heures.

5. Quel numéro faut-il appeler pour visiter le Palais de l'Europe?
   03.88.41.20.09

6. Dans le parc de l'Orangerie, il y a
   ☐ une statue de Napoléon.
   ☒ un château.
   ☐ des arbres plein d'oranges.

Interview 1

S'entraîner à l'examen, p. 55–56

41

1

1. Ce qui compte ... / Ce qu'ils racontent ...
2. Les deux médiateurs ... / ... de deux médiateurs
3. Il a l'air d'accord. / Il n'est jamais d'accord.
4. ... proches des élèves. / ... proche d'un élève.
5. Ils sont contents. / C'est important.
6. Depuis que je les aide ... / Et puis, je les aide ...
7. Il a des règles. / Il y a des règles.
8. leurs propres problèmes / ses propres problèmes

42

2

A: Vous êtes **tous les deux** médiateurs? Qu'est-ce que c'est, un **médiateur**?
B: Un médiateur, c'est un **élève** qui a reçu une **formation** pour aider d'autres élèves à **régler** leurs **conflits**.
A: Tu es **d'accord** avec la définition d'Émilie?
C: Pour moi, le médiateur aide les élèves à trouver une **solution** eux-**mêmes**.

Examen blanc, p. 56

43

3

1. Le texte parle surtout
   ☒ des conflits au collège.
   ☐ des gestes écolo au collège.
   ☐ des profs et des élèves.

2. Comment devient-on médiateur dans un collège?
   Il faut faire une formation qui dure un an.

3. Que font les médiateurs à l'école?
   ☐ Ils proposent des formations aux élèves.
   ☐ Ils aident les profs dans des situations difficiles.
   ☒ Ils aident les élèves à régler leurs conflits.

4. Quel est le but d'une bonne médiation?
   Une médiation aide les élèves à trouver une solution à leur conflit.

5. Pourquoi les profs ne peuvent-ils pas faire ce travail?
☐ Ils sont très proches des élèves.
☒ Ils se concentrent sur leur matière.
☐ Ils ne veulent pas s'occuper des élèves qui se battent.

6. Quel problème est-ce qu'Aurélien a déjà eu?
☐ Son prof n'a pas pu l'aider.
☒ Il n'a pas réussi à calmer un élève.
☐ Il s'est battu avec un prof.

7. D'après Émilie, pourquoi est-il important qu'il y ait une bonne ambiance en classe?
Quand on se sent bien, on apprend mieux.

8. D'après Aurélien, être médiateur apporte aussi un avantage personnel. Lequel?
☐ On réussit mieux au collège.
☐ On reçoit un diplôme.
☒ On règle mieux ses conflits personnels.

Interview 2

S'entraîner à l'examen, p. 57

1

les sportifs	le public	l'hiver
courir, participer, s'entraîner, glisser, pratiquer	venir, regarder, encourager, applaudir	geler, neiger, glisser

44 **2**

Cyril vient de France ☒ / habite au Canada ☒ / n'aime pas le Québec ☐ / fait un sport extrême ☒ / n'aime pas les sports difficiles ☐ / fait de la trotinette pour s'entraîner ☐ / court pour s'entraîner ☒ / dit qu'en hiver au Canada, il fait très froid ☒.

Examen blanc, p. 57

45 **3**

1. Le texte parle
☐ d'un sport extrême traditionnel de France.
☒ d'un sport qu'on pratique seulement au Québec.
☐ d'un sport que seuls les Français pratiquent au Canada.

2. À quelle saison est-ce qu'on pratique ce sport **(a)** et qu'est-ce qu'il faut faire **(b)**?
a) **On pratique ce sport en hiver.**
b) **Il faut traverser le fleuve Saint-Laurent avec un bateau.**

3. En hiver, sur le Saint-Laurent
☐ il y a beaucoup de bateaux.
☐ il y a beaucoup d'eau.
☒ il y a beaucoup de glace.

4. Pour pratiquer ce sport, il faut
☒ courir.
☐ nager.
☐ geler.

5. Que faut-il faire pour être fort dans ce sport?
Il faut faire de la musculation, de la course à pied et utiliser plein de techniques différentes.

6. À combien pratique-t-on ce sport?
Cinq personnes

7. Qu'est-ce qui se passe en janvier et en février dans la ville de Québec?
   - [X] Beaucoup de sportifs viennent pour participer à la compétition.
   - [ ] Beaucoup de sportifs viennent pour fêter le carnaval.
   - [ ] Beaucoup de spectateurs viennent admirer les costumes des sportifs.

8. Les Québécois
   - [ ] trouvent que l'hiver est trop long.
   - [X] sont fans de canot à glace.
   - [ ] ont peur de l'hiver.

Interview 3

S'entraîner à l'examen, p. 58

46

1 a + b

ta	mation	**la formation**	[ ]
ap	pétition	**la compétition**	[X]
con	cours	**le concours**	[X]
for	sion	**la passion**	[X]
com	lent	**le talent**	[X]
par	périence	**l'expérience**	[X]
con	tact	**le contact**	[ ]
pas	prentie	**l'apprentie**	[X]
ex	cours	**le parcours**	[X]

Examen blanc, p. 58

47

2

1. Charlotte
   - [ ] a visité un salon de coiffure à Paris.
   - [X] a participé à un concours à Paris.
   - [ ] a commencé à travailler à Paris.

2. Pourquoi est-ce que Charlotte n'est pas vraiment contente?
   Parce qu'elle n'a pas eu/gagné de prix.

3. Qu'est-ce qui montre que Charlotte est très bonne dans son domaine?
   Elle est la première/meilleure apprentie de Bretagne.

4. Où est-ce que Charlotte a découvert le métier de coiffeuse?
   - [X] Dans le salon d'une amie de sa mère.
   - [ ] Pendant un stage.
   - [ ] Dans le salon de coiffure de sa mère.

5. Qu'est-ce que Charlotte aime le plus dans ce métier?
   - [ ] Parler aux clients.
   - [X] Voir les clients heureux.
   - [ ] Créer de nouvelles coiffures.

6. A-t-elle passé son bac? Pourquoi (pas)?
   Elle n'a pas passé son bac parce qu'elle s'est réorientée / elle n'était pas motivée.

7. Comment a-t-elle su que ce concours existait?
   - [X] On lui en a parlé à l'école.
   - [ ] Sa mère le lui a dit.
   - [ ] Elle l'a découvert toute seule sur Internet.

8. Quels sont les projets de Charlotte?
   - [ ] Elle veut partir à l'étranger.
   - [ ] Elle veut participer à différents concours.
   - [X] Elle veut créer sa propre entreprise.

Lire pour s'orienter I

S'entraîner à l'examen, p. 59

1 a + b

offre spéciale	sensations fortes	thème historique	programme de soir	nature/animaux
lundi; adultes; enfants; prix; euros; exceptionnelle; gratuitement	aventure; effets spéciaux; adrénaline; expérience de glisse; chaises dynamiques; looping; mystères; surprises; robots	gladiateurs; Première Guerre mondiale; Moyen Âge; histoire; antiquité; légende; révolution industrielle; château Renaissance; tournoi; village gaulois; pharaons	nocturnes; lumière; feu d'artifice	tremblement de terre; chute de météorite; éruption volcanique; animaux; dauphins; corps humain

1 **VULCANIA** *Le grand parc à thème sur les volcans*

© Fotolia / jim85h

Découvrez les mystères de la terre: tornade, tremblement de terre, chute de météorite, éruption volcanique …

Vous aimez sentir l'adrénaline qui monte? Alors visitez notre cinéma en 4D ou prenez place sur les chaises dynamiques pour un voyage plein de surprises au centre de notre planète!

» Expériences et ateliers sciences de la terre avec un animateur

» Cité des enfants, un espace où les 3 à 7 ans découvrent les 4 éléments

» Bon plan pour les amoureux: Séjour 2 jours / 1 nuit à deux dans un hôtel volcanique à un prix imbattable!

Le parc est ouvert chaque jour de 10 h 00 à 19 h 30

2 **Futuroscope** – *Le grand parc d'attraction qui n'attend pas demain pour vous parler du futur!*

VIRUS ATTACK: Les effets spéciaux sont au rendez-vous pour une aventure à travers le corps humain!

DANSE AVEC LES ROBOTS: Une discothèque comme tu n'en as jamais vu, et toi, tu es dans les bras d'un robot qui te fait tourner!

LES MACHINES DE L'INGÉNIEUR LÉONARD: à partir de 5 ans!

Ouvert tous les jours en été jusqu'à 22 h 30

© Fotolia / lili.b

Grand spectacle nocturne Magie et chansons avec la voix de ***Nolwenn Leroy***

Lundi, Journée famille: *pour deux adultes qui payent, deux enfants (0 à 15 ans) entrent gratuitement!*

3 **PARC ASTÉRIX**

En route pour l'Antiquité!

© imago

À ne pas rater cet été:
1 entrée adulte offerte pour 3 entrées enfants payées

Découvrez le parc avec **ses six univers**: l'Égypte, la Gaule, l'Empire romain, la Grèce, les Vikings, le voyage à travers le temps, et ne ratez pas la rencontre avec les personnages de la bédé dans le village gaulois!

Delphinarium: Grand spectacle de dauphins et autres animaux marins pour toute la famille tous les jours de 12 h à 18 h.

Les 7 loopings les plus fous d'Europe! Vivez une expérience de glisse à 60 km/h! À 90 km/h et 40 mètres de hauteur, les pieds dans le vide, OzIris, une aventure que vous n'êtes pas prêts d'oublier!

Nocturnes Égyptiennes tous les samedis d'avril à octobre et chaque soir en été: de 21 h à 23 h, sons & lumières et feux d'artifice vous transporteront au temps des pharaons.

4

Puy du fou – *Pour tous ceux qui aiment l'histoire*

Parc à thèmes: village 1900, château Renaissance, à l'époque de la révolution industrielle

Tranquillement installés dans un amphithéâtre de 500 places, vous revivez un combat de gladiateurs ou un tournoi du Moyen Âge avec 1200 acteurs et danseurs et 24 000 costumes!

La légende de Martin: Spectacle de marionnettes pour les plus jeunes

Nouveauté:
Grand spectacle nocturne «Les amoureux de Verdun» spectacle sur la Première Guerre mondiale

Offre exceptionnelle:
– 25 % pour les groupes de plus de 25 personnes

c Votre corres a la chance d'habiter près de quatre parcs d'attraction. Sa mère vous propose d'y aller pour une journée en début de semaine. Elle est fan d'histoire et elle voudrait aussi profiter d'un programme du soir avant de rentrer. Votre corres et vous, vous aimez avant tout les sensations fortes. Mais le petit frère de votre corres qui vous accompagne préfère apprendre des choses sur la nature ou observer des animaux. De plus, vous voulez profiter d'un tarif spécial qui convient à votre groupe. (1 adulte, 2 jeunes de 15 et 16 ans, 1 enfant de 6 ans).
Voici les annonces que vous avez trouvées sur internet.

Examen blanc, p. 59–60

2 a

	Vulcania		Futuroscope		Parc Astérix		Puy du fou	
	oui	non	oui	non	oui	non	oui	non
offre spéciale qui convient à votre groupe		X		X	X			X
sensations fortes	X		X		X		X	
thème historique		X		X	X		X	
programme du soir		X	X		X		X	
nature ou animaux	X			X	X			X

b Je vais choisir le «Parc Astérix».

Lire pour s'orienter 2

S'entraîner à l'examen, p. 61

1 a

ouvert lundi soir	terrasse avec vue	plats typiques	pas de viande	terrain de jeux
7 jours sur 7 jusqu'à 19 heures en semaine le soir en soirée du mardi au dimanche à partir de 19 heures en semaine fermé le lundi	service en terrasse sable vue panoramique tables à l'extérieur plage	produits régionaux cuisine traditionnelle spécialités bretonnes poisson au cidre breton crêpes	(plats de) poisson fruits de mer légumes poisson au cidre breton crêpes salades	balançoires terrain de volley toboggans sable

1

Les pieds dans le sable

Cuisine traditionnelle | Fruits de mer

SPÉCIALITÉ DU CHEF:

Le poisson au cidre breton

OUVERT toute la journée, de mardi à dimanche (6 tables à l'intérieur, 15 tables à l'extérieur)

ACCÈS:

Le restaurant se trouve sur la plage, entre le terrain de volley et le mini-golf

2

Surcouf le corsaire

Ambiance bateau de pirate garantie dans la petite salle de ce restaurant du centre-ville

Dès qu'on entre, on se sent transporté dans un autre univers! Pour ses plats de poisson comme pour ses plats de légumes, le chef n'utilise que des produits régionaux et vous les sert avec des boissons du terroir!

Ouvert 7 jours sur 7, le soir seulement. Réservation conseillée.

3

Chez Rosalie

- Maison typiquement bretonne au milieu d'un beau jardin potager
- Balançoires et toboggans pour les enfants

- Salades, crêpes, légumes du jardin, spécialités bretonnes
- Service en terrasse et à l'intérieur
- À partir de 19 heures en semaine, le week-end service à midi et en soirée.

Jour de fermeture: Jeudi

4

La tour d'émeraude

Vue panoramique sur toute la côte

Fermé le lundi

Menu gastronomique

Crêpes tomates gingembre jambon

ou

Salade de sardines aux champignons

Steak au vin de miel avec pommes de terre

*

Mousse au chocolat

Glace au caramel sur son lit d'oranges

Examen blanc, p. 61–62

2 a

	Les pieds dans le sable		Surcouf le corsaire		Chez Rosalie		La tour d'émeraude	
	oui	non	oui	non	oui	non	oui	non
ouvert le lundi soir		X	X		X			X
terrasse avec vue	X			X	X		X	
plats typiques de la région	X		X		X		X	
plats végétariens/poisson		X	X		X			X
terrain de jeux	X			X	X			X

b Nous choisissons «Chez Rosalie».

Lire pour s'orienter 3

S'entraîner à l'examen, p. 62

1 Vous voulez passer quelque temps en France, mais **vous ne pouvez pas** recevoir de corres chez vous parce que vous partagez une chambre avec votre sœur. Mais vous ne voulez pas nécessairement payer pour votre séjour. En plus, ça ne vous intéresse pas trop d'aller à l'école. Vous **ne voulez pas** partir avec un groupe que vous connaissez déjà, comme votre classe. De plus, vous ne voulez **pas** qu'il y ait **d'autres nationalités que des Allemands et des Français** dans le groupe parce que vous voulez absolument faire des progrès en français.
Voici les annonces que vous avez trouvées sur internet. Quel échange choisissez-vous?

1

Étudier en France avec le programme Brigitte Sauzay

© Fotolia / nenetus

Le programme d'échange individuel Brigitte Sauzay organisé et subventionné par l'OFAJ propose aux élèves allemands de 9ème et 10ème classe un échange de 3 mois minimum:

- Vous êtes logé dans la famille de votre correspondant.
- Vous allez avec lui en cours et participez aux activités de sa famille.
- Vous recevez à votre tour pendant trois mois votre correspondant dans votre famille.

© Fotolia / Regormark

L'OFAJ vous aide à trouver un partenaire et finance les voyages. Vous pouvez télécharger le dossier de candidature sur le site de l'OFAJ.

2

CHANTIERS DE JEUNES FRANCO-ALLEMANDS CHERCHENT PARTICIPANTS

Vous vous intéressez à l'Europe et à son histoire? Vous êtes autonome et savez vous débrouiller tout seul? Vous n'avez pas peur de travailler avec vos mains 20 heures par semaine? Vous voulez vous faire de nouveaux amis? Alors, les chantiers de jeunes franco-allemands sont pour vous!

Jeunes Français et jeunes Allemands se rencontrent dans un lieu symbolique de l'histoire franco-allemande et travaillent ensemble pour le restaurer. Les activités? Porter des sacs de sable, reconstruire des murs, inventer des animations pour les touristes! Attention, il faut avoir entre 14 et 26 ans! Et, bien sûr, le soir au coin du feu, vous pourrez discuter des différences et des points communs existant entre jeunes Européens. C'est grâce aux chantiers de jeunes que des lieux où les Allemands et les Français se sont battus deviennent des symboles de paix.

© Hill Street Studios / Blend Images / Corbis

Le voyage, la nourriture et le logement dans des tentes de 8 à 10 personnes sont offerts. Par contre, on demande aux jeunes de participer à la cuisine et aux tâches ménagères.

3

Échange sportif avec Villefranche

© Fotolia / Monkey Business

Le club multisports de Villefranche cherche un club allemand pour un échange de 15 jours en été (1 semaine en France et 1 semaine en Allemagne).

LE BUT: constituer des équipes franco-allemandes pour apprendre à se connaître, s'entraîner ensemble et organiser à la fin du séjour une olympiade franco-allemande de natation, d'athlétisme, de foot et de rugby.

Les participants doivent être membres d'un club sportif et doivent payer leur voyage eux-mêmes (train ou avion). L'Office franco-allemand pour la jeunesse finance le logement en auberge de jeunesse.

4

École de langues d'Amboise – Apprenez le français au bord de la Loire

Vous voulez découvrir la vie en France? Vous voulez faire des progrès en français? L'école de langues d'Amboise vous accueille individuellement et vous propose des cours agréables dans une atmosphère sympathique.

→ Cours en petits groupes internationaux de 7 personnes maximum le matin
→ Séquences individuelles pour répondre à vos besoins particuliers
→ Programme culturel l'après-midi (visite des châteaux de la Loire)
→ Possibilité d'habiter en pension ou chez l'habitant

Formule découverte: 529 €/semaine
Formule intensive: 699 €/semaine

© Fotolia / Scaliger

Examen blanc, p. 62–63

2 a

	Programme Sauzay		Chantiers de jeunes franco-allemands		Échange sportif		École de langues d'Amboise	
	oui	non	oui	non	oui	non	oui	non
recevoir qn chez soi	X			X		X		X
dépenser de l'argent pour le voyage		X		X	X		X	
aller au collège	X			X		X		X
partir avec des gens qu'on connaît		X		X	X			X
être avec des jeunes seulement allemands ou français		X		X		X	X	

b Je choisis le chantier de jeunes franco-allemands.

Lire pour s'informer I

S'entraîner à l'examen, p. 64–65

1

1. se rassembler = sich versammeln → l. 1 le rassemblement = die Versammlung
2. autoriser = erlauben → l. 33 **l'autorisation** = **die Erlaubnis**
3. partager = teilen → l. 45 **le partage** = **das Teilen**
4. s'occuper de qc = sich beschäftigen → l. 51 **l'occupation** = **die Beschäftigung**

2 a

1. ☐ Il faut inviter les élèves à faire plus d'activités en dehors des cours parce que sinon, ils regardent trop YouTube.
2. ☐ Il existe, dans certains collèges, des projets de flash mob mais en général, les collèges n'offrent pas assez d'activités en dehors des cours.
3. ☒ Participer à des activités en dehors des cours permet aux profs et aux élèves d'un collège de mieux se connaître.

b

a) Le succès d'un flash mob dépend aussi de la discrétion de ceux qui le préparent. → *paragraphe* **3**

b) On retrouve le phénomène du flash mob même dans les collèges. → *paragraphe* **1**

c) Danser n'est pas la seule activité possible lors d'un flash mob. → *paragraphe* **4**

d) Quand ils participent à un flash mob, les élèves montrent qu'ils savent faire plus de choses que ce que les profs leur demandent en cours. → *paragraphe* **2**

c

Le principal a beaucoup aidé les jeunes.	☒	1 → b	a	Er hat die Aufsichtspersonen gebeten den Jugendlichen zu helfen.
Il était très fier de l'idée et en a parlé à tout le monde.	☐	2 → c	b	Der Schulleiter hat den Jugendlichen sehr geholfen.
Il a demandé aux surveillants d'aider les jeunes.	☒	3 → a	c	Er war sehr stolz auf die Idee und hat allen davon erzählt.

d
- de la ligne 31 à la ligne 37
- Les phrases **a** et **c** sont fausses.

3 a b 1 a) Il suffit de jeter un coup d'œil sur YouTube/ pour se rendre compte que / de plus en plus d'élèves utilisent cette nouvelle forme de performance / pour créer un événement dans leur école.
Es genügt einen Blick auf YouTube zu werfen, / um sich klar zu machen, dass / immer mehr Schüler diese neue Form des Auftretens nutzen, / um ein Ereignis in ihrer Schule zu schaffen.

b) Il suffit de jeter un coup d'œil sur YouTube / pour se rendre compte que / plus d'élèves de lycées que de collèges utilisent cette nouvelle forme de performance / et créent ainsi un événement dans leur école.
Es genügt einen Blick auf YouTube zu werfen, / um sich klar zu machen, dass / mehr Schüler von Gymnasien als von Realschulen diese neue Form des Auftretens nutzen / und damit ein Ereignis in ihrer Schule schaffen.

2 a) Pour un spectacle de ce genre, / il faut vraiment d'autres qualités que les qualités que les profs attendent en cours.
Für eine Show/Aufführung dieser Art / braucht man wirklich andere Qualitäten als die Qualitäten, die die Lehrer im Unterricht erwarten.

b) Pour un spectacle de ce genre, / il faut d'autres qualités et beaucoup de moyens techniques.
Für eine Show/Aufführung dieser Art / braucht man wirklich andere Qualitäten und viele technische Mittel.

Examen blanc, p. 65–66

4

1. L'article parle surtout
   - ☐ des flash mobs qu'on voit sur YouTube.
   - ☐ des performances dans des lieux publics.
   - ☒ des flash mobs qui ont lieu au collège.

2. D'habitude, un flash mob se passe
   - ☒ dans un endroit public.
   - ☐ dans les bibliothèques et les écoles.
   - ☐ dans une salle de spectacles.

3. Au collège d'Ivry
   - ☐ les profs et les élèves ont participé avec plaisir.
   - ☒ les profs ont eu l'idée et les élèves n'ont pas eu le choix.
   - ☐ les élèves ont eu l'idée mais les profs n'étaient pas d'accord.

4. Les élèves du collège d'Ivry ont présenté leur flash mob à la fin de l'année scolaire.
   Vrai: ☒ *Faux:* ☐
   Justification: **(l. 17) ... la performance a eu lieu en juin, pendant la fête d'été.**

5. Pendant l'entraînement, les profs du collège d'Ivry ont mieux fait la connaissance de leurs élèves.
   Vrai: ☒ *Faux:* ☐
   Justification: **(l. 19–20) Mes collègues et moi avons découvert certains élèves d'une autre façon.**

6. Au collège de Saint-Quentin, tous les élèves étaient motivés.
   Vrai: ☐ *Faux:* ☒
   Justification: **(l. 28) un groupe de filles a tout organisé.**

7. Le principal du collège de Saint-Quentin
   - ☒ était fier de l'idée et a aidé les jeunes.
   - ☐ était très fier de l'idée et en a parlé à tout le monde.
   - ☐ a demandé aux surveillants d'aider les jeunes.

8. Les élèves du collège de Saint-Quentin ont raté les cours de sport pour préparer leur flash mob.
   Vrai: ☐ *Faux:* ☒
   Justification: **(l. 36–37) On n'a pas répété pendant les cours de sport mais le week-end.**
   (l. 32–33) l'autorisation de s'entraîner le samedi après-midi au gymnase.

9. Pourquoi ne faut-il pas raconter qu'on prépare un flash mob?
   (l. 35–36) ... parce que ce qui est important dans un flash mob, c'est la surprise.

10. Comment le flash mob a-t-il été vécu dans les deux collèges?
    (l. 42–43) Le flash mob a été un grand moment de partage et de fusion.

11. Quand on fait un flash mob dans un collège,
    - ☐ tous les élèves doivent savoir danser.
    - ☒ tous les élèves peuvent être actifs.
    - ☐ tous les élèves sont contents.

Lire pour s'informer 2

S'entraîner à l'examen, p. 67

1

1. aider = helfen → **l'aide** = **die Hilfe**
2. bricoler = basteln → **le bricolage** = **das Basteln**
3. consommer = verbrauchen → **le consommateur / la consommatrice** = **der Verbraucher / die Verbraucherin**
4. connaître = kennen → **la connaissance** = **die Kenntnis**
5. utiliser = benutzen → **l'utilisateur/l'utilisatrice** = **der Benutzer / die Benutzerin**

2

	§ 1	§ 2	§ 3	§ 4	§ 5	§ 6
Tuto et argent					X	
Pourquoi un tuto?	X					
Définition du tuto		X				
Utiliser un tuto			X			
Qualités nécessaires			X		X	
Créer un tuto				X		X

3 **a** Presque tous les **utilisateurs** de tutos ont **plus de 25 ans.**

b (l. 16–17) La moitié des utilisateurs de tutos sur YouTube ont entre 12 et 25 ans.

c *Satz* **a**: Presque tous les **utilisateurs** de tutos ont **plus de 25 ans.**
Satz aus dem Text, l. 15–16: **La moitié des utilisateurs de tutos sur YouTube ont entre 12 et 25 ans.**
Aide: **Im Text steht „ont entre 12 et 25 ans" und im Satz a „ont plus de 25 ans". Also ist der Satz a falsch.**

4

1. a) (Die) Jugendliche(n) sind die größten Nutzer von Anleitungen im Internet und erfinden auch ziemlich viele davon selbst.
   b) Jugendliche nutzen mehr Anleitungen im Internet als Erwachsene, die trotzdem ziemlich viele davon erfinden.
2. a) Er schafft es nicht, auf seinem alten Computer dieses Programm zu installieren.
   b) Er ist gerade mit seinem neuen Computer angekommen.
3. a) Eine Anleitung im Internet ist wie ein Unterricht, der nur zwei Minuten dauert.
   b) Meine Anleitung im Internet ist mein Unterricht, der erst in zwei Minuten beginnt.

Examen blanc, p. 68–69

5

1. Cet article explique comment les ados peuvent
   ☐ devenir célèbres sans Internet.
   ☒ apprendre et expliquer des choses sur Internet.
   ☐ trouver des copains sur Internet.

2. Le tuto, c'est
   ☒ un mini-film qui donne des conseils pour réussir quelque chose.
   ☐ un clip qu'on met sur YouTube quand on veut devenir chanteur ou humoriste.
   ☐ une interview avec un spécialiste dans un domaine précis.

3. Presque tous les utilisateurs de tutos ont plus de 25 ans.
   Vrai: ☐ *Faux:* ☒
   Justification: **(l. 16) La moitié des utilisateurs ont entre 12 et 25 ans.**

4. Pourquoi est-ce que Nicolas adore les tutos? *(2 réponses différentes)*
   a) **Ça ne coûte rien.**
   b) **Il y a une réponse à presque tous les problèmes pratiques.**

5. Pourquoi est-ce que Nicolas a eu besoin de tutos? *(2 réponses différentes)*
a) **Pour transformer sa chambre.**
b) **Pour préparer son exposé en musique.**

6. Beaucoup de jeunes regardent les tutos mais ce ne sont que des adultes qui les réalisent.
Vrai: ☐ *Faux:* ☒
Justification: **Les jeunes produisent aussi des tutos. / Ils en produisent pas mal eux-mêmes.**

7. Quentin et Luc
☐ sont profs de VTT dans un club.
☐ ont appris à faire un wheeling grâce aux tutos.
☒ proposent des tutos de VTT.

8. Quelle est la différence principale entre un tuto et un cours au collège?
☐ Un cours au collège est plus théorique qu'un tuto.
☒ Un cours au collège est plus long qu'un tuto.
☐ Un cours au collège est mieux expliqué qu'un tuto.

9. Selon Quentin et Luc, les profs pourraient mieux enseigner s'ils regardaient des tutos.
Vrai: ☒ *Faux:* ☐
Justification: **(l. 36) Nos profs devraient s'en inspirer.**

10. Qu'est-ce qui a changé dans la vie d'Enjoy Phoenix depuis qu'elle fait des tutos?
☐ Elle ne peut plus sortir sans rencontrer des fans.
☒ Elle gagne de l'argent avec ses mini-vidéos.
☐ Elle a participé à une pub à la télé pour des produits de maquillage.

11. Pour réussir un tuto, il suffit de savoir bien expliquer.
Vrai: ☐ *Faux:* ☒
Justification: **(l. 50–51) Il faut aussi du talent pour bien manier la caméra. / être pédagogue. / avoir des connaissances.**

Lire pour s'informer 3

S'entraîner à l'examen, p. 69–70

1

a) Les ados ne lisent plus volontiers pendant leurs loisirs parce qu'ils travaillent beaucoup pour le collège et qu'ils préfèrent les nouveaux médias. → *paragraphe* **2**

b) La lecture fait toujours partie des loisirs des jeunes, même si ces derniers lisent aujourd'hui d'une manière différente. → *paragraphe* **4**

c) Certains jeunes utilisent Internet pour parler de leurs coups de cœur littéraires. → *paragraphe* **3**

d) Pendant leur enfance, les jeunes Français, encouragés par leurs parents, lisent beaucoup. → *paragraphe* **1**

2 b **paragraphe 2, l. 19–22:** ... les jeunes qui sont de plus en plus obligés de lire pour l'école n'ont pas forcément envie de lire encore pour leur plaisir.

c Il faut rajouter **parce que** supprimer **qui** et rajouter **ils** → **Parce que** les jeunes sont de plus en plus obligés de lire pour l'école, ils n'ont pas forcément envie de lire encore pour leur plaisir.

3

1. a) Wenn ich einen Roman lese, übe ich die Rechtschreibung und mache Fortschritte in Französisch.
   b) Als ich letzten Sommer diesen Roman gelesen habe, habe ich die Rechtschreibung geübt und Fortschritte in Französisch gemacht.
2. a) Deshalb wird es immer schwieriger eine Geschichte im Ganzen zu lesen.
   b) Warum wird es schwieriger eine Geschichte im Ganzen zu lesen?
3. a) Seit/Seitdem ich in der 8. Klasse bin, habe ich viele Hausaufgaben.
   b) Seit/Seitdem ich in der 8. Klasse bin, habe ich viel mehr Hausaufgaben als vorher.
4. a) Früher sagte man den Jugendlichen, dass sie ein Buch immer auf/mit der ersten Seite beginnen sollten.
   b) Früher sagte man, dass die Jugendlichen Bücher immer auf/mit der ersten Seite begonnen haben.

Examen blanc, p. 70–71

4

1. Le texte parle surtout
   - [ ] des dangers de la lecture.
   - [ ] des meilleurs livres pour la jeunesse.
   - [X] des habitudes de lecture chez les ados.

2. En France, on publie de moins en moins de livres pour les jeunes.
   Vrai: [ ] *Faux:* [X]
   Justification: **(l. 3–6) Il y a chaque année sur le marché plus de nouveaux livres pour le jeune public que l'année précédente.**

3. À quelle époque de leur vie est-ce que les jeunes lisent le plus?
   À l'école primaire / jusqu'à 11 ans

4. D'après l'article, les collégiens
   - [ ] n'ouvrent plus de livre.
   - [X] n'aiment plus la lecture.
   - [ ] découvrent le plaisir de lire.

5. Pourquoi est-ce que les collégiens perdent le goût de la lecture?
   Les collégiens perdent le goût de la lecture parce qu'ils sont de plus en plus obligés de lire pour le collège.

6. Pendant son temps libre, Thomas préfère les rencontres avec ses amis à la lecture.
   Vrai: [X] *Faux:* [ ]
   Justification: **(l. 22–23) Pour Thomas, 16 ans, la lecture, c'est bien mais les copains, c'est mieux.**

7. Emma
   - [ ] n'aime pas les livres qu'on lit en classe.
   - [X] ne se sent pas toujours bien en classe.
   - [ ] ne se sent pas toujours bien sur son blog.

8. Les jeunes de sa classe adorent Emma parce qu'elle lit beaucoup.
   Vrai: [ ] *Faux:* [X]
   Justification: **(l: 34–35) Les autres me traitent d'intello parce que j'ai toujours un livre avec moi, c'est nul.**

9. Emma utilise Internet pour échanger avec d'autres lecteurs son avis sur des livres qu'elle a lus.
   Vrai: [X] *Faux:* [ ]
   Justification: **(l: 39–40) Grâce à Internet, j'ai trouvé des gens qui partagent ma passion.**

10. D'après Sylvie Octobre, les jeunes
    - [ ] adorent toujours lire.
    - [ ] lisent moins qu'autrefois.
    - [X] lisent différemment.

11. À cause d'Internet, les ados
    - [ ] ne savent plus lire mais juste cliquer.
    - [X] ne finissent pas toujours les livres qu'ils lisent.
    - [ ] connaissent déjà la fin des livres.

Écrire dans un forum

S'entraîner à l'examen, p. 72–73

1

Commencer un message **1**

Finir un message **2**

a Je viens de découvrir ton problème.
b À plus!
c Salut, je m'appelle Valentin et j'ai 16 ans.
d J'espère que j'ai pu t'aider.
e J'ai lu ton message et je voudrais y répondre.
f Bon courage!
g En conclusion, on peut dire que les parents n'ont pas toujours tort!

1 → a, c, e
2 → b, d, f, g

2 a
b

1.	réagir	c Je te comprends.
2.	dire mon opinion	i À mon avis, les parents veulent avoir plus confiance en nous. e C'était vraiment nul!
3.	parler de mon expérience personnelle	a Mes parents aussi voulaient tout contrôler. f Moi aussi, j'ai eu ce problème. g Maintenant, je parle plus souvent à mes parents.
4.	donner des conseils	b Tu devrais montrer à tes parents que tu n'as pas besoin d'alcool pour t'amuser. d Est-ce que tu as déjà essayé de discuter avec tes parents? h Il ne faut pas commencer à réviser au dernier moment.

3 **Ce qui** m'énerve chez mes parents, c'est qu'ils ne me comprennent pas. Je dois toujours faire **ce qu'**ils veulent. Pour eux, l'école, c'est **ce qui** est important et le reste ne compte pas. Ils veulent toujours savoir **ce que** je fais avec mes potes. **Ce que** je déteste le plus, c'est quand ma mère dit qu'elle sait **ce qui** est bon pour moi! Tu trouves ça normal, toi?

4

Fehlerkategorie	Fehler im Satz	Berichtigung
Hast du die richtige Zeit verwendet: Vergangenheit, Gegenwart, Zukunft?	1 3	1. Si tu parles calmement, ... ils te **comprendront**. 3. **Quand j'étais** en troisième, ...
Hast du Adjektive und Adverbien richtig verwendet?	1	1. Si tu parles **calmement**, ...
Hast du das richtige Relativpronomen gewählt?	5	5. Je ne peux pas toujours faire **ce que** ...
Stehen die Verneinungswörter an der richtigen Stelle?	4	4 Pourquoi est-ce que tu **n'**as **pas** expliqué ...
Steht das Objektpronomen an der richtigen Stelle?	2	2. Tu pourrais aussi **leur** parler de tes sentiments ...
Hast du die richtige Konjunktion verwendet?	3	3. ... j'ai eu le même problème **que** toi.

Examen blanc, p. 74

5 *Musterlösung*

Je m'appelle Valentin et j'ai 16 ans. J'ai lu ton message et je voudrais y répondre parce que moi aussi, j'ai eu un problème de ce genre.
D'un côté, je te comprends très bien. Mes parents aussi voulaient tout contrôler. Il faut dire que je ne suis pas très bon à l'école. Pourtant, je fais toujours mes devoirs. Quand je rentrais d'une soirée avec mes copains, ils demandaient toujours: «Tu as bu?», ce qui m'énervait parce que ce n'était pas vrai! À mon avis, les parents devraient avoir plus confiance. Alors, j'ai décidé de parler avec mes parents. C'était dur mais ça m'a aidé.
De l'autre côté, il ne faut quand même pas oublier que cette dernière année à l'école est importante. Tu sais bien qu'il faut avoir des bonnes notes pour trouver un apprentissage. C'est pourquoi il ne faut pas commencer à réviser au dernier moment.
Est-ce que tu as déjà essayé de discuter avec tes parents? Tu devrais leur dire que tu n'as plus dix ans et qu'ils peuvent te faire confiance. Montre-leur aussi que tu n'as pas besoin d'alcool pour t'amuser. Ils te comprendront peut-être si tu parles calmement. Tu pourrais aussi mieux organiser tes journées. S'ils voient que tu es bien organisé, ils seront plus généreux. Tu pourrais aussi leur parler de ta vie au collège, ça leur fera plaisir, tu ne crois pas? Tu sais, il y a des parents qui ne veulent pas savoir ce que leurs enfants font. Tes parents veulent t'aider, c'est ça qui compte!
J'espère que j'ai pu t'aider.
Bon courage!
Valentin *(220 mots)*

Écrire dans un forum 2

S'entraîner à l'examen, p. 74–75

1

donner son opinion	a je pense que c je ne pense pas que d à mon avis f je ne comprends pas pourquoi h pour moi i c'est vrai que j d'un côté ... mais de l'autre
donner des conseils	b à ta place, e tu pourrais g je te conseille k tu devrais

2 Ce n'est pas facile de choisir une formation pour plus tard. **En effet**, tu es jeune et tu n'as pas encore beaucoup d'expérience. **En plus**, les métiers à la mode aujourd'hui ne le seront peut-être plus demain. **C'est pourquoi** tu devrais prendre ton temps pour réfléchir encore un peu! **Même si** cela ne plaît pas à tes parents, c'est important! **En conclusion**, voilà mes conseils: **d'abord**, renseigne-toi. **Après**, fais des stages! **Comme ça**, tu trouveras sûrement quelque chose qui te plaît. Bonne chance!

3 a <u>Hypothese</u> Zweifel Vergleich <u>Wunsch</u> Ablehnung Meinung <u>Ratschlag</u> Zustimmung <u>Vorschlag</u>

b
1. À ta place, je **parlerais** à mes parents et je leur **expliquerais** mon problème. → Ratschlag
2. Pourquoi est-ce que tu ne **ferais** pas un stage dans une boulangerie? → Vorschlag
3. On **voudrait** avoir plus de choix! → Wunsch
4. Sans formation, j'**aurais** sûrement plus de difficultés pour gagner ma vie plus tard. → Hypothese
5. Est-ce que tu t'**engagerais** pour l'environnement? → Wunsch

c
1. An deiner Stelle würde ich mit meinen Eltern sprechen und ihnen mein Problem erklären.
2. Warum machst du nicht ein Praktikum in einer Bäckerei?

3. Wir hätten gern mehr Auswahl!
4. Ohne Ausbildung hätte ich später sicherlich mehr Schwierigkeiten, meinen Lebensunterhalt zu verdienen.
6. Würdest du dich für die Umwelt engagieren?

4

Fehlerkategorie	Fehler im Satz	Berichtigung
Passen die Begleiter zu den Nomen?	3	3. **mon** temps
Hast du den *Subjonctif* verwendet, wenn nötig?	3 4	3. Il faut que je **prenne** ... 4. ...ne veut pas que **j'aille** ...
Hast du an die Apostrophe gedacht?	2	2. ... **l'**examen...
Passen Subjekt und Verbformen zusammen?	1	1. ... je **dois** ...
Passen die Adjektive zu den Nomen? Müssen sie vor oder nach dem Nomen stehen?	1	1. ... avoir **des bonnes notes**.

Examen blanc, p. 76

5 *Musterlösung*

Salut Leila!
Je m'appelle Valérie et j'ai seize ans. J'ai lu ton message et je comprends ton problème.
D'un côté, il faut déjà choisir un métier et de l'autre, on doit travailler pour l'école. C'est vrai que ce n'est pas facile. Moi, j'ai fait mon premier stage dans un hôtel. Ce n'était vraiment pas génial! Quand tu travailles, il faut que tu prennes des initiatives et ça, c'est beaucoup de stress. C'est pourquoi j'étais assez malheureuse.
Donc, je vois bien que ta situation est difficile. Par contre, je ne comprends pas pourquoi tu paniques parce que tu n'es pas déjà en train de faire ton apprentissage. Tu as encore le temps de réfléchir, même s'il faut que tu donnes une réponse à la fin. À ta place, je parlerais d'abord à mes parents. Ils peuvent sûrement te donner de bons conseils. Tu devrais aussi chercher des idées sur Internet ou aller à un Salon des Métiers. Surtout, fais d'autres stages, c'est très utile!
Moi, je voudrais faire un stage dans le domaine social pendant les grandes vacances. Et en tout cas, je vais essayer d'avoir des bonnes notes. Comme ça, je pourrai passer mon bac et avoir plus de possibilités. Tu pourrais faire la même chose, non?
J'espère que tu vas trouver une solution. Bon courage.
Salut,
Valérie *(218 mots)*

Écrire un article

S'entraîner à l'examen, p. 76–77

1 a
1. Je voudrais présenter un projet que ma classe a créé dans mon quartier.
2. Mon article parle d'une association où je m'engage deux fois par semaine.
3. Mon article décrit mon engagement pour une ville propre.

b
1. Vous voulez plus d'informations?
2. Les lecteurs qui ont envie de découvrir d'autres projets de l'association peuvent consulter le site Internet: www.epiceriesolidaire.fr
3. Vous avez envie de vous engager activement?
4. Est-ce que mon article permettra aux jeunes de réfléchir?

2 a

Abschnitte	Hauptgedanken	Nebengedanken
1. Vous présentez l'association.	**d** Il s'agit d'une épicerie solidaire.	**h** La nourriture et les boissons y sont moins chères. **n** On y offre des repas simples et des sandwichs aux gens. **k** La plupart des personnes qui y travaillent sont bénévoles.
2. Vous parlez de vos expériences.	**a** J'ai aidé la mère de ma corres.	**o** J'ai rangé des produits sur les étagères. **l** J'ai aidé à préparer des repas. **j** Ça a été un peu comme un stage pour moi.
3. Vous parlez de vos émotions et sentiments.	**b** Je suis content/e d'avoir fait cette expérience.	**m** J'ai bien aimé l'ambiance du magasin. **f** Tout le monde était gentil avec moi.
4. Vous parlez de l'avenir.	**c** Maintenant, je réfléchis à ce que je veux faire plus tard.	**e** Je veux faire un métier utile plus tard. **i** J'aimerais m'engager au service des autres. **g** Je travaillerai dans le domaine social plus tard.

b
1. Notre association offre des services aux gens du quartier. Beaucoup de gens y viennent chaque jour.
2. J'ai trié des vêtements. Avec ma copine, on a rangé la nourriture dans les frigos.
3. L'ambiance était super sympa! J'ai rencontré des gens formidables.
4. Plus tard, je voudrais m'engager. Maintenant, j'ai des idées pour choisir un métier. Cette expérience m'a aidé/e à réfléchir sur mon avenir.

3 a

während der Ferien	**1**	**a**	avant	1 → e
jeden Tag	**2**	**b**	le premier jour	2 → f
vor	**3**	**c**	souvent	3 → a
am ersten Tag	**4**	**d**	un jour	4 → b
oft	**5**	**e**	pendant les vacances	5 → c
eines Tages	**6**	**f**	tous les jours	6 → d

b/c Cette année, **pendant les vacances**, j'**ai aidé** la mère de ma corres dans l'épicerie solidaire de notre quartier. **Avant** mon séjour chez eux, ma corres m'**a/avait** beaucoup **parlé** de cette association. **Le premier jour**, j'**ai été** / **étais** heureuse de découvrir enfin ce magasin. Cette expérience **a duré** un mois. **Tous les jours**, je/j' **triais** / **ai trié** les fruits et légumes. **Souvent**, j'**aidais** / **ai aidé** aussi à servir les repas. **Un jour**, une jeune femme nous **a raconté** son histoire qui **était** vraiment triste.

4

Fehlerkategorie	Fehler im Satz	Berichtigung
Hast du das richtige Objekt-pronomen verwendet? Steht es an der richtigen Stelle?	2 3	2. ... **on les** accepte et **on leur parle**. 3. ... **je l'**aidais à préparer des sandwichs.
Hast du das richtige betonte Pronomen nach einer Präposition verwendet?	5	5. **Pour eux**, l'épicerie solidaire...
Hast du die Pronomen *y* und *en* richtig verwendet?	1 4	1. Les gens qui **y** travaillent sont des bénévoles. 4. Oui, il y **en** a de plus en plus.
Hast du Adjektive und Adver-bien richtig verwendet?	1 6	1. ... des épiceries **solidaires**. 6. C'est **certainement** dur ...
Hast du bei Adjektiven Endungen und Stellung überprüft?	1	1. ... dans les **grandes** villes.
Hast du die Verben richtig konjugiert?	2	2. Les gens qui **viennent**...

Examen blanc, p. 79

5 *Musterlösung*

Je voudrais présenter une association où j'ai travaillé. Elle s'occupe de gens qui n'ont pas beaucoup d'argent.
Il s'agit d'une épicerie solidaire. Vous ne savez pas ce que c'est? C'est un magasin où on peut acheter de la nourriture et des boissons moins chères. En plus, on y offre des repas simples et des sandwichs. La plupart des personnes qui y travaillent sont bénévoles. On a créé ces épiceries pour permettre aux gens de faire leurs courses avec peu d'argent.
Pendant les vacances, j'ai donc aidé la mère de ma corres. Je rangeais les produits dans les étagères ou je triais les fruits et légumes avec elle. Je l'aidais aussi à préparer des sandwichs et à servir les gens à midi. Un jour, une jeune femme nous a raconté son histoire. C'était triste.
Je suis content(e) d'avoir fait cette expérience. D'abord parce que je pense que ce projet est très important. Aujourd'hui, on rencontre beaucoup de gens qui sont pauvres. Il y en a malheureusement de plus en plus, surtout dans les grandes villes. Avec les épiceries solidaires, on peut les aider. Ensuite, j'ai bien aimé l'ambiance dans ce magasin. Tout le monde était gentil et chacun écoutait tout le monde. J'ai aussi appris une chose: la plupart des gens étaient pauvres parce qu'ils avaient perdu leur emploi. Pour eux, cette épicerie est un endroit où on les accepte et on leur parle.
Enfin, pour moi, le travail dans cette épicerie a été un peu comme un stage. Cela m'a donné des idées de métier. Je travaillerai peut-être dans le domaine social plus tard. C'est certainement dur parfois, mais ça vaut la peine.
Vous voulez en savoir plus? Allez sur le site www.epiceriesolidaire.fr. *(283 mots)*

Écrire une lettre

S'entraîner à l'examen, p. 80–81

1

Absender	Les délégués du collège Jules Ferry
Empfänger	Monsieur le Directeur
Datum und Ort	Corte, le 24 mars 2016
Betreff	Ouverture d'une cafétéria dans le hall du collège
Einleitung	Nous, les délégués du collège, pensons que la création d'une cafétéria au collège est importante.
Anliegen / Beschreibung des Problems	En effet, faire la queue à la cantine à midi est stressant. C'est pourquoi les élèves préfèrent aller en ville pour s'acheter un sandwich. Le résultat, c'est qu'ils sont souvent en retard pour les cours de l'après-midi. L'ouverture d'une cafétéria dans le hall du collège offrirait une solution à ce problème. Nous pouvons dès maintenant vous présenter notre plan d'aménagement du hall.
Vorschlag/Bitte	Ayez confiance en nous, s'il vous plaît, et soutenez notre projet.
Schlussformel und Unterschrift	Respectueuses salutations, les délégués

2

1. Que faisaient les élèves quand ils avaient du temps **libre** à midi?
2. **Normalement**, ils allaient en ville pour s'acheter à manger.
3. Quand nous aurons une cafétéria, les élèves pourront y aller **directement**, acheter **rapidement** un sandwich et le manger **tranquillement**.
4. Les élèves qui y travailleront seront très **motivés** parce que cette cafétéria est **importante** pour eux.
5. Les élèves qui en seront **responsables** seront très **fiers** de pouvoir participer **activement** à la vie du collège.

3

Fehlerkategorie	Fehler im Satz	Berichtigung
Hast du den Komparativ richtig verwendet? Stimmt die Steigerungsformel?	1 2 4	1. Dans une cafétéria, l'ambiance est **plus** agréable **qu'**à la cantine. 2. Il y a **de moins en moins d'**élèves qui ... 4. On se connait **mieux**.
Stimmt die Anordnung der Wörter im Satz?	3	3. Nous voulons **préparer des gâteaux à la maison.** → Subjekt – Prädikat – Objekt – Ergänzung
Hast du an die Apostrophe und die *accents* gedacht?	5 6	5. Les élèves pourrait **s'**acheter un sandwich ... 6. ... une réunion de **délégués**
Stimmern die unregelmäßigen konditionalformern von *avoir* und *être*?	7	7. À ta place, je **serais** .... et j'**aurais** envie d'y participer.

Examen blanc, p. 82

4 *Musterlösung*

Arnaud Enderlin
Représentant des délégués de classe du collège Jules Ferry
Collège Jules Ferry
34, rue des Abeilles
31000 Nîmes

Monsieur le Principal Jacques Tardy
Lycée Jules Ferry
34, rue des Abeilles
31000 Nîmes

Nîmes, le 09 novembre 2015

Objet: création d'une cafétéria dans le collège

Monsieur,
Nous venons de rentrer d'une réunion des délégués de classe. Nous y avons parlé du projet de création d'une cafétéria au collège et nous voulons renouveler notre demande.
Nous, délégués de classe du collège, pensons qu'une cafétéria est importante pour plusieurs raisons.
Premièrement, il y a de moins en moins d'élèves qui aiment faire la queue devant la cantine à midi. Dans une cafétéria, ils pourraient s'acheter rapidement un sandwich ou une salade et s'installer pour manger tranquillement.
Deuxièmement, il y a de plus en plus d'ateliers le mercredi après-midi. Or, le mercredi, il n'y a pas de cantine au collège. Normalement, les élèves vont en ville pour s'acheter un sandwich. Souvent, ils arrivent alors en retard aux ateliers. Si on ouvre une cafétéria au collège, ces élèves pourront y aller directement et ne seront plus en retard.
Ensuite, une cafétéria pourrait offrir aux élèves la possibilité de participer plus activement à la vie du collège parce que plusieurs élèves devront servir à midi.
Enfin, dans une cafétéria, l'ambiance est plus agréable que dans une cantine. La cafétéria deviendrait un endroit où on se rencontre. Alors, les élèves auraient la chance de mieux se connaître.
Vous allez dire que c'est difficile à organiser. C'est vrai, mais nous sommes motivés. Nous voulons préparer des gâteaux à la maison et les vendre pendant les récréations. Avec l'argent gagné, nous pourrons acheter de la vaisselle. Et nous avons trouvé un sponsor qui veut nous donner des tables et chaises.
Ayez confiance en nous, s'il vous plaît, et réfléchissez à notre projet.

Respectueuses salutations,
Arnaud Enderlin

Pièces jointes: compte-rendu de la réunion du 09 novembre 2015, plan d'aménagement de la cafétéria, liste des responsables du service à la cafétéria

(331 mots)

Entretien dirigé

S'entraîner à l'examen, p. 83

48

1 a ***Wie wird ...***

1. *nach deinen Lieblingsfächern gefragt?*
   Parlez-moi de votre école. Quelles sont vos matières préférées?
2. *nach den Freizeitaktivitäten gefragt?*
   Qu'est-ce que vous faites dans votre temps libre?
3. *nach den beruflichen Zukunftsplänen gefragt?*
   Quels sont vos projets professionnels? Vous avez déjà une idée précise pour plus tard?
4. *nach den letzten Ferien gefragt?*
   Pourriez-vous me dire où est-ce que vous avez passé vos dernières vacances? Qu'est-ce que vous avez fait?

So wird gesagt, ...

1. *wo sich der Wohnort befindet:*
   C'est dans le sud de la Bavière, entre Munich et le lac de Constance.
2. *dass man sich mit seinen Geschwistern gut versteht:*
   On s'entend bien tous les trois.
3. *dass man sein Zimmer mit seiner Schwester teilt:*
   Je dois partager ma chambre avec ma sœur parce que l'appartement n'est pas très grand.
4. *wie man seine Schule findet:*
   J'aime bien mon collège parce qu'il y a une bonne ambiance, je me sens bien dans ma classe. Et aussi parce que la plupart de mes amies y vont.
5. *dass die meisten Freundinnen in die gleiche Schule gehen:*
   La plupart de mes amies y vont.
6. *welches Gericht man zubereiten kann:*
   Je sais faire les spaghettis à la carbonara et plusieurs sortes de salades. Je connais aussi une super recette de gâteau au chocolat.
7. *dass man eine Lehre machen will:*
   Je voudrais faire un apprentissage dans un hôtel parce que j'aime être en contact avec les gens.
8. *dass man Ende August an einem Austausch teilgenommen hat:*
   Fin août, j'ai participé à l'échange avec notre ville jumelée en France, à Quimper.

48

b *Transcription*

A: Bonjour, mademoiselle. Pouvez-vous vous présenter, me parler de vous, de votre famille, me dire où vous habitez?

B: Bonjour. Eh bien, je m'appelle Pia Rother. J'ai 15 ans et j'habite à Immenstadt, c'est dans le sud de la Bavière, entre Munich et le lac de Constance. J'ai un frère et une sœur. Mon frère Robert a 17 ans. Ma sœur s'appelle Lara, elle a 12 ans. On s'entend bien tous les trois. Mon père travaille chez Bosch et ma mère travaille dans un supermarché, mais seulement le matin. Nous avons un chien et deux cochons d'Inde. Nous habitons dans un appartement, pas loin du centre-ville. Je dois partager ma chambre avec ma sœur parce que l'appartement n'est pas très grand. Mais je voudrais bien avoir une chambre pour moi toute seule.

A: Alors, Pia, parlez-moi de votre école. Quelles sont vos matières préférées?

B: Je vais au collège Maria Stern, c'est un collège de filles. J'y vais à pied ou je prends mon vélo, ça dépend. Mes matières préférées sont le sport et l'histoire. J'aime bien mon collège parce qu'il y a une bonne ambiance, je me sens bien dans ma classe. Et aussi parce que la plupart de mes amies y vont.

A: Où et quand est-ce que vous faites vos devoirs, Pia?

B: D'habitude, je les fais tout de suite après le repas. Par contre, quand je dois réviser mon vocabulaire, je le fais plutôt le soir. Quand j'ai cours l'après-midi, je fais quelquefois mes devoirs au collège.

A: Et qu'est-ce que vous faites dans votre temps libre?

B: Dans mon temps libre, je fais du volley, du ski et de la natation. J'adore le sport, c'est mon hobby! J'aime aussi lire et chatter avec mes amis. En plus, j'aime faire la cuisine : je sais faire les spaghettis à la carbonara et plusieurs sortes de salades. Je connais aussi une super recette de gâteau au chocolat.
A: Et quels sont vos projets professionnels? Vous avez déjà une idée précise pour plus tard?
B: Après mon brevet, je voudrais faire un apprentissage dans un hôtel parce que j'aime être en contact avec les gens. J'ai déjà fait un stage dans un hôtel de ma ville et ça m'a beaucoup plu.
A: Pourriez-vous me dire où est-ce que vous avez passé vos dernières vacances? Et qu'est-ce que vous avez fait?
B: D'abord, j'ai passé une semaine avec mes parents et ma sœur en Italie. Fin août, j'ai participé à l'échange avec notre ville jumelée en France, à Quimper. C'est en Bretagne. On a visité la région et on a fait beaucoup d'activités avec les jeunes Français, des tournois de volley sur la plage, des visites touristiques.
A: Merci. Passons à la 2e partie ...

Examen blanc, p. 84

2 *Individuelle Lösung*

Musterlösung

Bonjour. Eh bien, je m'appelle Ida. J'ai 15 ans et j'habite à Jena, c'est en Thuringe, entre Erfurt et Gera. J'ai un frère et une sœur. Mon père travaille chez Edeka et ma mère travaille dans une pharmacie. Nous avons un chat. Nous n'habitons pas loin du centre-ville.
J'aime bien mon collège parce qu'il y a une bonne ambiance, je me sens bien dans ma classe.
Dans mon temps libre, je fais du basket et de la danse. J'adore le sport, c'est mon hobby! J'aime aussi lire et chatter avec mes amis.

Exercice en interaction

S'entraîner à l'examen, p. 84–88

1 a

Partenaire A (= le/la corres)	Partenaire B
1. Aujourd'hui, j'achète mon billet pour venir cet été!	2. Trop cool! Et tu arrives quand?
3. Je pourrais être chez toi à partir du 15 juillet. **Qu'est-ce que tu en dis?**	4. Le 15 juillet! Ah, il y a un problème **parce que** je ne suis pas libre en juillet.
5. Tu n'es pas libre en juillet? Et pourquoi?	6. Ben, j'ai emprunté de l'argent à ma sœur pour m'acheter un nouveau portable. **C'est pourquoi** je dois travailler pour la rembourser.
7. Ah, c'est nul! **D'un côté**, je comprends ta situation mais **de l'autre**, je suis dégoûté/e! On voulait faire un tour à vélo ensemble.	8. Écoute, j'ai peut-être une solution. Mon petit boulot, c'est en juillet. Par contre en août, j'aurai le temps. Alors, tu pourrais venir à ce moment-là.
9. **Est-ce que tu sais que** ce n'est pas bête, ça? **D'ailleurs**, ça me donne une idée.	10. **Qu'est-ce que tu veux dire?**
11. **Peut-être que** je vais aussi chercher un petit boulot en juillet. **Comme ça**, j'aurai plus d'argent de poche pour les vacances.	12. Super idée!

b

Partenaire A (= le/la corres)	Partenaire B
1. Aujourd'hui, j'achète mon billet pour venir cet été!	2. Trop cool! Et tu arrives quand?
3. Je pourrais être chez toi à partir du 15 juillet. Qu'est-ce que tu en dis?	4. Le 15 juillet! Ah, il y a un problème parce que je ne serai pas là.
5. Tu ne seras pas là? Et pourquoi?	6. Ben, mes parents partent en vacances en juillet! Ils vont en Angleterre.
7. Ben, c'est super pour eux! Mais pourquoi est-ce que c'est un problème pour toi?	8. Le problème, c'est qu'ils veulent que j'y aille avec eux!
9. Ah, c'est nul! D'un côté, je comprends tes parents qui veulent passer leurs vacances avec toi, mais de l'autre, c'est vraiment bête! Je ne peux venir te voir qu'en juillet parce qu'en août, j'ai un petit boulot!	10. Écoute, j'ai peut-être une solution. Je vais demander à mes parents si tu peux venir avec nous en Angleterre. Tu aurais envie?
11. Ah, oui, ça serait génial! En plus, je suis sûr/e que mon père sera d'accord.	12. Alors, je t'appelle demain pour te dire ce que mes parents ont décidé.

2

Partenaire A	Partenaire B
1. Excusez-moi, Madame/Monsieur. Je crois que j'ai perdu mon sac dans le musée.	2. Bonjour. Quel jour / Quand est-ce que ça s'est passé?
3. J'ai visité le musée cet après-midi et j'en suis sorti/e il y a une demi-heure.	4. Est-ce que vous vous souvenez où vous avez laissé votre sac?
5. Je n'en suis pas sûr/e mais je l'ai peut-être oublié au troisième étage. J'étais en train d'admirer un tableau de Monet quand tout à coup mon portable a sonné. Alors j'ai posé mon sac pour téléphoner. Je l'ai peut-être oublié dans cette salle.	6. Ça peut arriver quand on ne fait pas attention.
7. Qu'est-ce que je fais, maintenant?	8. Je vais me renseigner. Il est comment, votre sac?
9. C'est un petit sac bleu avec une Tour Eiffel.	10. Et qu'est-ce qu'il y a dans votre sac?
11. Dans mon sac, il y a mon nouveau portable, ma carte d'identité et un peu d'argent.	12. Eh bien, on l'a trouvé. Le voilà. Et faites attention la prochaine fois!
13. Merci Madame/Monsieur et au revoir.	

3

Partenaire A	Partenaire B
1. Bonsoir, Madame, nous aimerions une chambre à trois lits pour deux nuits.	2. Bonsoir. Je suis désolée mais malheureusement, nous sommes complets.
3. Oh, ça ne va pas du tout! Il est tard et il pleut. Qu'est-ce qu'on fait maintenant?	4. Il y a un petit hôtel à côté qui a peut-être encore de la place. Est-ce que vous voulez que je les appelle pour me renseigner?
5. Ça ne vaut pas la peine parce que les chambres sont sûrement trop chères pour nous, Madame! Vous n'avez vraiment pas une petite place pour nous ici?	6. Ça dépend. Il y a encore deux lits dans une chambre à dix lits et un autre lit dans une autre chambre. Donc vous n'allez pas être ensemble.
7. Ça ne fait rien. Le plus important, c'est de passer la nuit dans un endroit sec.	8. C'est pour une nuit seulement. Demain, je pourrai vous offrir trois lits dans une chambre.
9. Merci, Madame. C'est très gentil.	10. Donnez–moi votre carte d'identité, s'il vous plaît et inscrivez-vous.
11. Quand est-ce qu'on sert le petit-déjeuner et jusqu'à quelle heure est-ce qu'on peut se baigner?	12. On sert le petit-déjeuner jusqu'à 10 heures et la piscine est fermée après 21 heures.

4

Situation 1
A: Tu sais, je me fais du souci parce que tu ne manges rien ou très peu le soir. Qu'est-ce qui ne va pas?
B: Vous savez, le problème, c'est que je suis végétarien/ne. Ça veut dire que / C'est pourquoi je ne mange pas de viande et ici, il y a de la viande à chaque repas/tous les soirs. En plus, même si je mange beaucoup de légumes, je n'aime pas les carottes. C'est bête! / Je suis vraiment désolé/e! Et puis, un autre problème, c'est que chez moi, on mange vers 18 h 30, 19 heures. Par contre, ici, on mange à 20 h 30. Et pour moi, c'est tard. C'est pourquoi j'achète toujours un truc à manger l'après-midi avant de rentrer. Et donc, à 20 h 30, je n'ai plus faim.

Situation 2
B: Tu veux bien éteindre ton ordinateur, s'il te plaît. Chez nous, les enfants n'ont pas le droit de surfer après 21 heures.
A: Je suis désolé/e mais je ne suis pas d'accord avec cette règle parce que, premièrement, dans ma famille, ce n'est pas pareil. Pour mes parents, il faut d'abord que je fasse mes devoirs et que je sois bien organisé/e pour l'école. Après, je peux surfer aussi longtemps que je le veux. Deuxièmement, ici, j'ai cours toute la journée. J'ai aussi entraînement de basket deux fois par semaine. Je rentre donc vers 20 heures à la maison et après, il y a encore le repas à 20 heures 30. C'est pourquoi je n'ai pas de temps libre dans la journée pour surfer. Troisièmement, comme mes parents travaillent, je ne peux chatter avec eux que le soir, quand ils sont à la maison. C'est pourquoi il est important pour moi de pouvoir utiliser Internet après 21 heures. Parce que si je n'ai pas le droit de surfer le soir, quand est-ce que je pourrai le faire?

Situation 3
A: Alors, écoutez-moi! Cet après-midi, on va visiter des monuments avec un guide. Je vous demande de rester ensemble.
B: Moi, je trouve que ce n'est pas une bonne idée d'organiser une visite avec tout le groupe. D'abord, comme la visite guidée sera en français, on n'est pas sûrs/-es de comprendre tout ce que le guide dira. C'est nul! En plus, une visite guidée, c'est cher! Et puis tous les élèves de la classe n'aiment pas la même chose. C'est pourquoi on voudrait choisir nous-même les monuments qu'on veut visiter. On trouve que c'est mieux de découvrir des choses qui nous intéressent vraiment. Par exemple, moi, je préfère visiter la Cité des Sciences et pas Notre-Dame! En plus, quand on visite un endroit sans le groupe, on peut aussi faire une pause dans un café ou un peu de shopping si on voit un magasin sympa. C'est vraiment mieux!

Situation 4
B: Pourquoi est-ce que tu es en retard? On a raté le début du film, c'est nul!
A: Je suis vraiment désolé/e! D'abord, j'ai joué à la console et comme c'est un jeu super, c'est vrai, je n'ai pas fait assez attention à l'heure. Ensuite, le téléphone a sonné. C'était ma mère. Elle m'a demandé d'aller faire des courses parce qu'elle rentrera tard ce soir. Alors, bien sûr, j'ai quitté la maison trop tard et j'ai raté le bus. Qu'est-ce qu'on fait maintenant?

Situation 5
A: Je ne sais pas ce qui se passe. Je me sens tout triste. Je crois que je veux rentrer chez moi.
B: Je comprends, tu n'as pas trop le moral. Écoute, si tu veux, on peut appeler tes parents. Est-ce que tu préfères leur envoyer un e-mail? Tu veux peut-être aussi chatter avec tes copains? Attends, j'ai une idée. Demain, c'est samedi. Si tu as envie, on peut aller à la piscine avec les copains. Ou bien est-ce que tu préfères aller faire un tour en ville? On pourrait passer par la Fnac et faire un peu de shopping? Qu'est-ce que tu en penses? Et le soir, on est chez Pascal pour une soirée télé. On va bien rigoler!

Situation 6
B: Zut! Qu'est-ce qui est arrivé à mon tee-shirt? C'est l'horreur! Je ne vais plus pouvoir le mettre.
A: Je suis vraiment désolé/e! Mais après le collège, j'ai fait un tour en ville avec Marielle. Comme on avait faim, on s'est acheté un kébab et malheureusement, il y avait trop de sauce. Après, j'ai bu mon jus d'orange mais Marielle a poussé mon bras ... et voilà. Pour finir, on est passé par le stade pour jouer au foot avec des copains. Et là, Octave m'a invité/e à participer au match. Donc, j'ai pris la place du goal. Et comme il a plu hier, le terrain était encore trempé. Mais j'ai quand même arrêté deux buts! Tu peux jeter ton tee-shirt à la poubelle mais tu peux être fier/fière de moi.

Examen blanc, p. 89

5 *Individuelle Lösung*

Monologue suivi 1

S'entraîner à l'examen, p. 89–91

1

1. economy	→	**l'économie** *f.*	l. 7	=	die **Wirtschaft**
2. measure	→	**la mesure**	l. 9	=	die **Maßnahme**
3. to imagine	→	**imaginer**	l. 9	=	**ausdenken**
4. ambitious	→	**ambitieux/-euse**	l. 9	=	**ehrgeizig**

2

se déplacer	1	a	à faire du vélo	1 → d	**sich mit dem Fahrrad fortbewegen**
apprendre	2	b	du garage	2 → a	**Fahrrad fahren lernen**
construire	3	c	le vélo dans le train	3 → f	**Fahrradwege bauen**
respecter	4	d	à vélo	4 → e	**auf die Sicherheitsregeln achten**
emmener	5	e	les règles de sécurité	5 → c	**das Fahrrad in den Zug mitnehmen**
sortir le vélo	6	f	des pistes cyclables	6 → b	**das Fahrrad aus der Garage fahren**

3 a L'article a paru dans **le journal de la Petite Reine, n° 991.**

b
1. Un nouveau projet du gouvernement veut encourager les jeunes à faire plus de sport en ville.
2. **Le gouvernement veut lancer un projet pour encourager les gens à se déplacer à vélo.**
3. Le nouveau projet du gouvernement «Tout le monde à vélo» est une mesure pour protéger l'environnement.

c
1. Faire du vélo ~~n'apporte pas~~ beaucoup d'avantages.
→ **Faire du vélo apporte beaucoup d'avantages.**
2. Le gouvernement veut organiser une semaine d'activités ~~en dehors des écoles~~.
→ **Le gouvernement veut organiser une semaine d'activités dans les écoles.**
3. Pendant la semaine du vélo, les élèves ~~de cinquième feront surtout des tests théoriques~~.
→ **Pendant la semaine du vélo, les élèves pourront apprendre à faire du vélo.**
4. ~~Il y a assez~~ de pistes cyclables.
→ **On veut construire plus de pistes cyclables.**
5. ~~Il sera plus difficile de transporter son vélo dans le TGV.~~
→ **Les voyageurs pourront transporter leur vélo plus facilement dans le train.**

d
1. Cet article ne m'intéresse pas parce que je déteste faire du vélo.
2. Le sujet ne m'intéresse pas mais il montre que le gouvernement veut réagir. / qu'il faut agir pour protéger l'environnement.
3. Je trouve bien que l'article donne de bonnes idées pour organiser une action.
4. C'est difficile quand on essaye de trouver des solutions.
5. C'est important de dire aux gens d'être actifs / de s'engager.

Examen blanc, p. 90–91

4

1. *Je dis où le texte a paru.*
Cet article a paru dans Le journal de la Petite Reine, n°991, en 2015.
2. *Je présente le sujet.*
Cet article parle des mesures que le ministre des transports français veut prendre pour encourager les gens à utiliser plus souvent leur vélo. / à se déplacer plus souvent en vélo.
3. *Je résume les idées principales.*
Dans cet article, il y a quatre idées principales. Premièrement, on dit que faire du vélo apporte beaucoup d'avantages. Deuxièmement, l'article présente les mesures que le ministre des transports veut prendre. Il s'agit d'abord d'organiser une semaine d'activités dans les écoles. Ensuite, on veut construire plus de pistes cyclables. Finalement, l'article parle de la possibilité de voyager en train avec son vélo.
4. *Je donne mon opinion sur le sujet du texte.*
Je trouve cet article intéressant parce qu'il nous donne des informations sur le vélo en France. On voit que le ministre a compris que c'est important d'encourager les gens à utiliser leur vélo pour se déplacer en ville par exemple. La pollution dans les villes est un problème de plus en plus grave et il faut réagir. Je pense que les gens seront d'accord avec ces mesures parce qu'ils veulent aussi protéger la planète et laisser un environnement propre à leurs enfants.

50 **5 a + b** *Musterlösungen*

1. À quel âge est-ce que vous avez appris à faire du vélo?
J'ai appris à faire du vélo à quatre ans.
2. Aimez-vous faire du vélo? Dites-moi pourquoi.
J'adore faire du vélo parce que c'est un sport facile et que c'est bon pour la forme.
3. Comment est-ce que vous allez au collège?
Je vais au collège en bus.
4. Est-ce que vous pourriez vivre sans voiture plus tard?
Non, je ne crois pas parce que la voiture, c'est pratique.

51 **6** *Transcription*

A: Vous savez faire du vélo? À quel âge est-ce que vous avez appris à en faire?
B: Oui, je sais faire du vélo. J'ai appris à faire du vélo à l'âge de cinq ans. / Oui, je sais faire du vélo mais bof, ce n'est pas génial.
A: Aimez-vous faire du vélo? Dites-moi pourquoi.
B: Oui, j'adore faire du vélo. J'ai un VTT. Et pour moi, faire du vélo, c'est du sport. / Non, je n'aime pas trop faire du vélo. J'ai un vélo mais j'en fais rarement parce que, avec mes potes, on préfère le foot.
A: Et au collège? Vous y allez comment?
B: Je vais au collège en bus. / Je vais au collège en voiture. Ma mère m'y conduit.
A: Est-ce que vous pourriez vivre sans voiture plus tard? Qu'est-ce que vous en pensez?
B: Je ne crois pas, parce que la voiture, c'est vraiment pratique. Mais je sais qu'il ne faut pas trop s'en servir parce que c'est mauvais pour l'environnement./ Si plus tard j'habite dans une grande ville, je n'aurai pas besoin d'une voiture parce que je pourrai prendre le métro, le tram ou le vélo pour me déplacer. En plus, une voiture, ça coûte cher!

Monologue suivi 2

S'entraîner à l'examen, p. 91–92

1

1. solution	→ **la solution**	l. 9	=	**die Lösung**
2. in any case	→ **en tout cas**	l. 22	=	**auf jeden Fall**
3. occasion	→ **l'occasion** *f.*	l. 22	=	**die Gelegenheit**

2 a

un cours	1	a	le skate-board	1 → c	**ein Sprachkurs**
apprendre	2	b	un service	2 → a	**Skateboard fahren lernen**
faire	3	c	de langue	3 → d	**einkaufen**
être fort/e	4	d	les courses	4 → e	**sehr gut in Mathe sein**
proposer	5	e	en maths	5 → b	**eine Dienstleistung anbieten**

b

chacun/e	1	a	est cher/chère	1 → d
proposer un service	2	b	être nul/le	2 → c
être fort/e	3	c	accepter de l'aide	3 → b
ne coûte rien	4	d	personne	4 → a

3 a

1. Les services que les membres de l'organisation SEL échangent s'adressent surtout aux jeunes de moins de 20 ans.
2. Vous avez besoin d'aide? Allez voir au Service d'Échange Local. Ce n'est pas cher!
3. **Vous êtes spécialiste en pâtisserie? Devenez membre du SEL, offrez vos services et recevez de l'aide en échange!**

b

Les membres d'un SEL	1	a	ils reçoivent de l'aide.	1 → c
Ça ne	2	b	membre.	2 → d
SEL est	3	c	offrent un service.	3 → e
En échange	4	d	coûte rien.	4 → a
On peut devenir	5	e	un Service d'Échange Local.	5 → b

c

1. L'article m'intéresse parce que moi-aussi, je veux aider les autres.
2. Le sujet est intéressant mais je n'aimerais pas faire partie d'une association parce que je n'ai pas assez de temps.
3. Je trouve que c'est une bonne idée parce que c'est gratuit.
4. C'est bien quand on veut apprendre à jouer du piano mais qu'on n'a pas d'argent.
5. C'est important d'être solidaire.
6. Ça montre que tout le monde peut s'engager.

Examen blanc, p. 92

4

1. *Je dis où le texte a paru.*
   Cet article a paru en août 2015 dans le numéro 371 de Actu Jeunesse.
2. *Je présente le sujet.*
   Cet article présente les SEL qui sont des clubs où on peut échanger des services entre des personnes.
3. *Je résume les idées principales.*
   Les idées principales de l'article sont les suivantes. Premièrement, quand on fait partie d'un SEL, on propose des services et on en reçoit aussi. Deuxièmement, on apprend que tous les services sont possibles, il ne faut pas avoir de formation spéciale. Troisièmement, on découvre l'avantage principal des SEL: les services sont gratuits.
4. *Je donne mon opinion sur le sujet du texte.*
   J'ai bien aimé cet article parce qu'il m'a permis de découvrir quelque chose que je ne connaissais pas avant. D'un côté, je trouve que les SEL sont une bonne solution pour trouver de l'aide, surtout quand on n'a pas beaucoup d'argent. Et puis, ça met les gens en contact, et ça, je trouve que c'est très bien. De l'autre, si tout le monde devient membre d'un SEL, il deviendra difficile de trouver des petits boulots pour gagner son argent de poche! Je vais quand même me renseigner dans mon quartier pour savoir si ça existe.

52 **5 a + b** *Musterlösungen*

1. Quelle sorte de cours pourriez-vous donner aux autres?
   Je pourrais donner des cours de piano.
2. Est-ce que vous aimeriez participer à cet échange de services? Dites pourquoi.
   Oui, j'aimerais participer à cet échange de services parce qu'on peut faire de nouvelles connaissances.
3. Quel est l'avantage d'un pareil échange?
   L'avantage, c'est que ça ne coûte rien.
4. Est-ce que vous avez déjà travaillé pour gagner de l'argent?
   Oui, j'ai un petit boulot dans le supermarché à côté de chez moi. J'y travaille le samedi matin.

53 **6** *Transcription*

A: Quand vous réfléchissez à ce que vous savez faire, quelle sorte de cours pourriez-vous donner aux autres?
B: Je suis bonne en maths alors je pourrais aider un/e élève qui a des problèmes dans cette matière. / Je ne vois pas vraiment ce que je pourrais donner comme cours aux autres. Je ne suis pas très bon en cours.
A: Est-ce que vous aimeriez participer à cet échange de services? Vous trouvez que c'est un système intéressant? Dites pourquoi.
B: Oui, j'aimerais parce que je trouve que c'est un bon système. Je pense que ça fait du bien d'aider quelqu'un. / Non, ça ne m'intéresse pas. Comme je fais beaucoup de musique, je n'ai pas le temps.
A: Il y a sûrement des services qu'on ne peut pas échanger. Mais, à votre avis, quel est l'avantage d'un pareil échange?
B: D'abord, ça ne coûte rien. En plus, on fait la connaissance de personnes qui sont intéressantes parce qu'elles s'engagent. / Je ne sais pas s'il y a beaucoup d'avantages. Je pense que ça prend surtout beaucoup de temps.
A: Est–ce que vous recevez de l'argent de poche de vos parents ou bien est-ce que vous avez déjà travaillé pour gagner de l'argent?
B: Oui, mes parents me donnent de l'argent de poche. Mais pendant les vacances d'été, j'ai travaillé pendant quatre semaines dans un supermarché. Ça a été une expérience intéressante. / Je reçois de l'argent de poche de mes parents tous les mois. Et pour Noël et mon anniversaire, ma grand-mère me donne pas mal d'argent chaque année. Ça me suffit.

Monologue suivi 3

S'entraîner à l'examen, p. 93–94

1

1. Quand on organise une fête sur tout le territoire français, on l'organise **partout en France**.
2. Un plat traditionnel, c'est un plat **qui existe depuis très longtemps**.
3. Souvent, **il faut être journaliste** pour animer une émission de télévision.
4. Un menu spécial, c'est un menu **qu'on ne propose pas tous les jours**.

2 a

1. s'acheter — un hamburger / des produits régionaux / des produits de qualités
2. répondre — à un problème
3. créer — des menus spéciaux / une recette / un événement
4. utiliser — des produits régionaux / des produits de qualités / une recette
5. organiser — une fête / un événement

b

1. C'est moins cher de s'acheter un hamburger que de faire la cuisine.
2. Pour rester en forme, il faut manger des produits de qualité.
3. Chaque année, on organise au collège un événement qui s'appelle la Fête de la Gastronomie.

3 a 1. **Avec la fête de la Gastronomie, la France célèbre la bonne cuisine.**
2. Venez nombreux aux cours de cuisine que donneront des cuisiniers apprentis pendant la fête de la Gastronomie.
3. La fête de la Gastronomie, c'est une bonne occasion de faire la fête dans un fast-food.

b Les gens ne connaissent plus la bonne cuisine **à cause** des fast-food. C'est **pourquoi** les Français ont inventé la Fête de la Gastronomie. **Ça se passe** à la télé et dans les cantines des écoles. **Pendant** la fête de la Gastronomie, des cuisiniers célèbres présentent leurs recettes.

c 1. **Cet article m'intéresse** parce que j'adore faire la cuisine.
2. **Je trouve que** c'est une bonne idée de proposer des menus spéciaux à l'école.
3. Mais **à mon avis**, la Fête de la Gastronomie ne va pas changer les habitudes des gens.
4. **Je pense qu'**on doit utiliser plus de produits régionaux.

Examen blanc, p. 94

4

1. *Je dis où le texte a paru.*
Cet article a paru en septembre 2015 dans Le matin de Lorraine.
2. *Je présente le sujet.*
Cet article présente la Fête de la Gastronomie qui a lieu chaque année en France.
3. *Je résume les idées principales.*
Voilà les idées principales de l'article. Premièrement, l'article constate que les gens, aujourd'hui, ne mangent plus de bonnes choses. C'est pourquoi, en France, on a inventé une fête qui se passe tous les ans. C'est la fête de la Gastronomie. Pour finir, l'article présente les différents événements qui ont lieu pendant la Fête de la gastronomie.
4. *Je donne mon opinion sur le sujet du texte.*
J'ai bien aimé cet article parce qu'il nous présente un événement qui se passe en France et que je ne connaissais pas. Je connais la Fête de la Musique, qui a lieu chaque année le 21 juin, mais pas la fête de la Gastronomie. Je trouve que c'est une bonne idée de consacrer une semaine à la bonne cuisine, aux produits régionaux et aux produits de qualité. Souvent, aujourd'hui, dans les familles, les deux parents travaillent et ils n'ont pas toujours le temps de préparer des plats très sophistiqués pour les repas. C'est pourquoi on risque d'oublier les anciennes recettes. De plus, j'aime beaucoup faire la cuisine. C'est pourquoi je regarde les émissions à la télé où des cuisiniers célèbres expliquent des recettes faciles. Elles sont toujours très intéressantes. On pourrait réfléchir pour organiser une fête de la Gastronomie en Allemagne. Comme ça, les régions pourraient montrer leur richesse gastronomique.

54 **5 a + b** *Musterlösungen*

1. Quel est votre repas préféré?
Mon repas préféré, c'est les frites et la saucisse à la sauce curry.
2. Qu'est-ce que vous mangez au petit-déjeuner / au déjeuner / le soir?
Au petit-déjeuner, je prends du lait et un bol de céréales et je bois un jus d'orange.
3. Qui prépare les repas / fait à manger chez vous?
Le plus souvent, c'est ma mère. Parfois, mon père fait la cuisine le dimanche.
4. Prendre un repas équilibré, qu'est-ce que ça veut dire pour vous?
Prendre un repas équilibré, ça veut dire qu'on mange des plats qu'on a préparés avec des produits de qualité. Ces plats ne sont ni trop sucrés, ni trop gras, ni trop salés.
5. Est-ce que vous pensez qu'un cours de cuisine à l'école serait utile?
Je pense qu'un cours de cuisine à l'école serait utile parce que beaucoup de jeunes ne savent pas faire la cuisine ni même préparer des plats simples. Un cours de cuisine pourrait donner des idées de plats délicieux et bons pour la santé.

6. Que pensez-vous de l'idée d'organiser un pique-nique au collège avec des produits régionaux?
Je ne crois pas que l'idée d'organiser un pique-nique au collège avec des produits régionaux soit bonne parce qu'il y a trop de jeunes qui n'aiment ni les légumes ni les fruits. Si on prépare un pique-nique et que personne ne vient, il faudra jeter la nourriture à la poubelle et ça, c'est criminel.

55

6 *Transcription*

A: Est-ce que vous aimez la bonne cuisine? Pouvez-vous me dire quel est votre repas préféré?
B: Les spaghettis à la sauce tomate. / J'adore le poulet avec du riz.
A: En général, on prend trois repas par jour. Qu'est-ce que vous mangez au petit-déjeuner / au déjeuner / le soir?
B: Le matin, je mange des céréales et je bois du jus d'oranges. À midi, je mange souvent une salade et une tartine et le soir du pain avec de la charcuterie ou du fromage. / Je n'ai pas le temps de prendre de petit déjeuner le matin parce que je me lève souvent trop tard. À midi, je mange le plus souvent à la cantine du collège. Et le soir, on mange devant la télé avec ma mère, une soupe ou une salade.
A: Est-ce que vous pouvez m'expliquer qui prépare les repas/fait à manger chez vous?
B: C'est ma mère mais quand elle n'est pas à la maison, c'est moi. / Ça dépend. Je vis avec mon père et mes frères et sœurs. Dans une grande famille, tout le monde doit participer alors chacun prépare un repas dans la semaine.
A: Prendre un repas équilibré, qu'est-ce que ça veut dire pour vous? C'est important?
B: Un repas équilibré, cela veut dire manger des légumes frais, de la salade, de la viande. Les produits ne doivent pas être bio mais au moins venir de la région. / C'est important de prendre des repas équilibrés parce que ça nous permet d'être en bonne santé. Un repas équilibré, c'est quand on ne mange ni trop sucrés ni trop gras. D'un autre côté, je trouve que ce n'est pas trop grave de manger aussi dans un fast-food de temps en temps.
A: Est-ce que vous pensez qu'un cours de cuisine à l'école serait utile? Dites pourquoi.
B: Oui, je trouve que ce serait utile parce que, comme ça, on peut apprendre à préparer un repas équilibré. / Je ne sais pas si c'est une bonne idée. On a déjà beaucoup de matières au collège. La cuisine, c'est plus pour le plaisir, pas pour les notes!
A: Les pique-niques sont à la mode. Que pensez-vous de l'idée d'organiser un pique-nique au collège avec des produits régionaux?
B: Je pense que c'est une bonne idée. Avec un pique-nique, on apprend à mieux se connaître. Si on l'organise en été, on peut même se retrouver dehors, c'est sympa !/ Je ne trouve pas que ce soit une bonne idée. Je n'ai pas besoin de faire un pique-nique avec les élèves de mon collège pour trouver des copains. Et puis, on passe déjà beaucoup de temps au collège, alors, ce n'est pas nécessaire de se retrouver en plus des cours.

Monologue suivi 4

S'entraîner à l'examen, p. 95–96

1

1. interesting	→ **intéressant/e**	l. 4	=	**interessant**
2. to treat	→ **traiter**	l. 12	=	**behandeln**
3. subject	→ **un sujet**	l. 22	=	**ein Thema**
4. spectator	→ **le spectateur / la spectatrice**	l. 10	=	**der Zuschauer**

2

1. Un sujet complexe, c'est un sujet **qui est difficile à expliquer**.
2. Être favorable à l'Europe, ça veut dire **être pour l'Europe**.
3. Un programme qui correspond à tous les goûts, c'est un programme **que tout le monde aime**.
4. Particulier, c'est le contraire de **général**.

3

aider	**1**	**a**	des études	1 → b	**helfen, sich zu verstehen**
regarder	**2**	**b**	à se comprendre	2 → d	**ein Fernsehprogramm schauen**
traiter	**3**	**c**	plusieurs langues	3 → e	**ein Thema behandeln**
faire	**4**	**d**	une chaîne de télé	4 → a	**studieren**
parler	**5**	**e**	un sujet	5 → c	**mehrere Sprachen sprechen**

4 a
1. On ne peut comprendre les émissions sur ARTE que si on a fait des études.
2. Comme ARTE est une chaîne de télévision européenne, elle a un très grand public.
3. **ARTE est une chaîne de télévision franco-allemande que peu d'Européens regardent.**
4. ARTE est une chaîne de télévision européenne que beaucoup de jeunes regardent.

b Beaucoup de gens pensent qu'ARTE **est une chaîne de télévision utile**. Malheureusement, peu de **gens regardent ARTE**. Ils pensent que les émissions **sont trop difficiles**. Pourtant, ce n'est pas vrai parce qu'ARTE offre un programme **qui répond à tous les goûts**.

c
- Je trouve que cet article est très intéressant.
- Je pense que c'est une bonne idée de créer des émissions spéciales pour les jeunes parce qu'un programme télé sans public jeune n'a pas d'avenir.
- Cet article m'intéresse parce que je voudrais regarder des émissions qui sont différentes des émissions que proposent les programmes pour les jeunes.
- À mon avis, ARTE c'est bien, mais Pro Sieben c'est mieux.

Examen blanc, p. 96

5

1. *Je dis où le texte a paru.*
   Cet article a paru en 2015 dans le magazine Aujourd'hui Télé.
2. *Je présente le sujet.*
   Cet article présente la chaîne de télévision franco-allemande ARTE.
3. *Je résume les idées principales.*
   Voilà les idées principales de l'article. Premièrement, l'article dit que tout le monde apprécie ARTE mais que personne regarde cette chaîne. Ensuite, l'article présente les causes: ARTE ne s'adresserait qu'à des spectateurs particuliers. Mais cette analyse ne correspond pas à la réalité parce qu'ARTE propose des émissions très variées.
4. *Je donne mon opinion sur le sujet du texte.*
   Cet article ne m'a pas beaucoup intéressé car je ne regarde pas ARTE. Je sais que cette chaîne existe mais ses émissions ne m'intéressent pas. Je trouve que la télé, c'est bien pour se reposer après l'école ou pour rigoler avec les copains. Je dois déjà beaucoup travailler et apprendre plein de choses pour le collège, alors pour moi la télé doit rester du loisir.

56

6 a + b *Musterlösungen*

1. Quelle est votre émission préférée?
   Mon émission préférée, c'est Galileo / Taff / The Voice of Germany.
2. Combien d'heures par jour est-ce que vous regardez la télé?
   Je regarde la télé deux heures par jour, surtout l'après-midi après l'école.
3. Regarder les informations, est-ce que cela vous intéresse?
   Les informations, ça ne m'intéresse pas trop. Ce sont des émissions trop sérieuses où on ne parle pas assez des choses qui touchent les jeunes.
4. À votre avis, est-ce que les jeunes et les adultes regardent les mêmes émissions?
   Oui, il y a des émissions que les jeunes et les adultes regardent ensemble, par exemple, mes parents et moi, on regarde chaque semaine ensemble Two and a half men. C'est notre série préférée!

57 **7** *Transcription*

A: Pouvez-vous me dire quelle est votre émission préférée?

B: J'adore les séries. Surtout les séries qui racontent des histoires de tous les jours. J'aime m'identifier à certains personnages. / J'aime beaucoup les documentaires sur la nature et les animaux. Je trouve qu'il y a trop de séries américaines et pas assez de films intéressants sur l'environnement.

A: Est-ce que vous avez la télé chez vous? Combien d'heures par jour est-ce que vous la regardez?

B: Oui, nous avons la télé. Je la regarde 2 heures par jour, surtout le soir. / Non, nous n'avons pas la télé à la maison mais je peux regarder des émissions sur Internet. Je suis au moins trois heures par jour en ligne.

A: Il y a plusieurs sortes d'émissions à la télé. Regarder les informations, est-ce que cela vous intéresse?

B: En principe, oui, parce que c'est important de s'informer, mais moi, ça ne m'intéresse pas beaucoup. / Oui, j'adore les informations, c'est mon émission préférée. Je trouve que c'est important à mon âge de comprendre le monde et de connaître les problèmes de la planète.

A: À votre avis, est-ce que les jeunes et les adultes regardent les mêmes émissions?

B: Je ne sais pas. À la maison, je regarde souvent les même émissions que mes parents parce qu'on aime se retrouver devant la télé et passer un bon moment ensemble. / Je ne crois pas. Les jeunes aiment les dessins animés, les émissions qui parlent de musique ou les jeux. Je crois que les adultes préfèrent les films ou les émissions politiques.

DIPLÔME D'ÉTUDES EN LANGUE FRANÇAISE

DELF B1 • Version scolaire et junior

Niveau B1 du Cadre européen commun de référence pour les langues

NATURE DES ÉPREUVES	DURÉE	NOTE SUR
1 Compréhension de l'oral Réponse à des questionnaires de compréhension portant sur trois documents enregistrés (deux écoutes). *Durée maximale des documents: 6 minutes*	25 minutes environ	/25
2 Compréhension des écrits Réponse à des questionnaires de compréhension portant sur deux documents écrits: • dégager des informations utiles par rapport à une tâche donnée • analyser le contenu d'un document d'intérêt général.	30 minutes	/25
3 Production écrite Expression d'une attitude personnelle sur un thème général (essai, courrier, article...).	45 minutes	/25
4 Production orale Épreuve en trois parties: • entretien dirigé • exercice en interaction • expression d'un point de vue à partir d'un document déclencheur.	15 minutes environ préparation: 10 minutes *(ne concerne que la 3e partie de l'épreuve)*	/25

Seuil de réussite pour obtenir le diplôme: *50/100*
Note minimale requise par épreuve: *5/25*
Durée totale des épreuves collectives: *1 heure 45 minutes*

NOTE TOTALE: /100

CODE CANDIDAT: ______ - ______

Volet à rabattre pour préserver l'anonymat du candidat

Nom: .... Prénom: ....

1 Compréhension de l'oral

25 points

Vous allez entendre 3 documents sonores, correspondant à 3 exercices différents.

Pour le premier et le deuxième document, vous aurez:
– 30 secondes pour lire les questions;
– une première écoute, puis 30 secondes de pause pour commencer à répondre aux questions;
– une deuxième écoute, puis 1 minute de pause pour compléter vos réponses.
Pour répondre aux questions, cochez (☒) la bonne réponse, ou écrivez l'information demandée. **(▶ www.cornelsen.de/webcodes puis ATOI-4-CARNET-AUDIO)**

EXERCICE 1 58

6 points

Lisez les questions, écoutez le document puis répondez.

❶ La jeune fille vient à la bibliothèque pour: *1 point*

☐ renouveler une inscription. ☐ rendre des documents. ☐ régler une pénalité.

❷ Qu'est-ce qu'elle veut emprunter? *(2 réponses attendues)* *2 points*

a) .... b) ....

❸ Elle n'a pas le film *Vipère au poing* car: *1 point*

☐ elle l'a perdu. ☐ elle l'a prêté. ☐ elle l'a oublié.

❹ Quelle est la réaction du bibliothécaire? *1 point*

☐ Il est compréhensif. ☐ Il est sévère. ☐ Il est amusé.

❺ Que va-t-il se passer? La jeune fille: *1 point*

☐ doit payer une amende. ☐ a une prolongation. ☐ va remplacer le document.

EXERCICE 2 59

8 points

Lisez les questions, écoutez le document puis répondez.

❶ La librairie a ouvert le 14 octobre à minuit, date de: *1,5 point*

☐ l'anniversaire de la mort de Goscinny.
☐ la sortie du dernier album d'Astérix.
☐ l'inauguration de la rue Goscinny.

❷ Qui est à l'origine de l'ouverture de cette bibliothèque? *1 point*

☐ L'associé de Goscinny, Albert Uderzo.
☐ Un admirateur de Goscinny, Michel Lebailly.
☐ L'héritier de Goscinny, Nicolas Goscinny.

➡

❸ Qui était René Goscinny? *1 point*

☐ Le dessinateur d'Astérix.

☐ Le scénariste d'Astérix.

☐ L'éditeur d'Astérix.

❹ Complétez les informations suivantes: *3 points*

Le ciel lui tombe sur la tête sort:

– dans .... pays;

– dans .... langues.

Il y a .... millions d'exemplaires.

❺ Dans cette librairie, il y a: *1,5 point*

☐ des objets qui sont liés à Astérix.

☐ les albums dont Goscinny est l'auteur.

☐ des livres et objets liés aux personnages de Goscinny.

EXERCICE 3 60 (11 points)

Vous avez 1 minute pour lire les questions ci-dessous. Puis vous entendrez une 1re fois un document sonore. Ensuite, vous aurez 3 minutes pour répondre aux questions. Vous écouterez une 2e fois l'enregistrement. Après la 2e écoute, vous aurez encore 2 minutes pour compléter vos réponses.
Pour répondre aux questions, cochez la bonne réponse, ou écrivez l'information demandée.

Lisez les questions, écoutez le document et répondez.

❶ L'objectif de ce document est de présenter: *1 point*

☐ un homme politique.

☐ un concours.

☐ un site sur le Sénat.

❷ Pourquoi Victor Schœlcher a-t-il été choisi? *1 point*

☐ Parce que peu de gens le connaissent.

☐ Pour ses actes militants.

☐ Pour son action importante au Sénat.

❸ En quelle année le décret sur l'abolition de l'esclavage a-t-il été signé? *1 point*

....

❹ Citez deux autres causes que Victor Schœlcher a défendues au cours de sa vie. *3 points*

a) ....

b) ....

....

➡

❺ Que devront faire les participants? *1 point*

- ☐ S'inscrire sur un site Internet.
- ☐ Répondre à des questions.
- ☐ Réaliser une production.

❻ Que gagnera le meilleur? *1 point*

....

❼ Sur le site proposé, on trouvera: *(2 réponses attendues)* *2 points*

- ☐ des exemples d'affiches.
- ☐ des informations sur Victor Schœlcher.
- ☐ des formulaires d'inscription.
- ☐ des explications sur le Sénat.
- ☐ des rubriques scolaires.
- ☐ des textes historiques sur l'esclavage.

❽ Est-ce que cette expérience sera renouvelée? *1 point*

- ☐ Oui, l'expérience aura lieu chaque année.
- ☐ Oui, mais seulement si le succès est au rendez-vous.
- ☐ Non, il s'agit d'une expérience unique.

➡

2 Compréhension des écrits

25 points

EXERCICE 1

10 points

Vous faites un voyage scolaire à Paris avec votre professeur de français. Pour le dernier soir, votre professeur a prévu de vous emmener au restaurant. Pour faire votre choix, vous lisez des critiques dans un magazine. Tous ensemble, vous avez déterminé quelques critères de sélection:

– Le restaurant doit proposer des plats typiquement français.
– Il peut accueillir un groupe de 25 personnes.
– L'ambiance est appropriée pour des ados.
– Le cadre est traditionnel.
– Le prix ne doit pas dépasser 20 € par personne.

Vous lisez la description de ces 4 restaurants. Lequel allez-vous choisir?

Le Subtil
Situé sur la rive gauche, tout près de Notre-Dame, ce petit restaurant offre un décor moderne minimaliste. On y sert une cuisine inventive qui mélange les subtilités de la cuisine japonaise et de la cuisine française. Toutes les recettes sont la création du nouveau chef japonais. La présentation de ces mets délicats sur de grandes assiettes noires est parfaite. L'ambiance est détendue et accueillante. Il est possible de réserver le restaurant pour une soirée à partir de 20 personnes.
Tarif spécial de groupe: 19,90 € par personne.

Le Parisien
Cet endroit ouvert en 1766 offre une cuisine traditionnelle très appréciée des critiques. On recommande particulièrement la blanquette de veau, le lapin à la moutarde, le jambon au cidre et ses petits légumes. L'ambiance est parfaite pour les amoureux: dîner aux bougies et musique romantique. La discrétion est de rigueur. Les familles n'ont pas vraiment leur place ici. Les tables sont généralement pour deux.
Menu à partir de 25 €.

Le Montmartre
Vous serez très bien reçus dans un décor des années 20. Cette bonne table ne sert que des produits très frais. Ce restaurant plaira autant aux amateurs de salades composées qu'à ceux qui recherchent les bons petits plats à l'ancienne. Nous avons surtout aimé le rôti de pintade farci aux champignons. Une salle spéciale peut recevoir les groupes de 30 personnes. Le tarif de groupe est de 20 € à partir de 20 personnes. L'ambiance est décontractée.

Chez Maurice
Cuisine traditionnelle de Normandie dans cette maison du XVIIIe siècle. Murs en pierre de taille, poutres apparentes; le cadre est charmant mais ne peut accueillir qu'une quinzaine de personnes. Le chef, toujours prêt à rencontrer ses clients, vous mijotera de bons petits plats. Les spécialités sont la sole à la crème, le camembert rôti et la tarte tatin. Tout est délicieux mais ce restaurant n'est ni pour les végétariens, ni pour ceux qui veulent garder la ligne. Idéal pour les repas d'affaires, peu engageant pour les familles: menus à partir de 55 €.

❶ Dans le tableau ci-dessous, indiquez à l'aide d'une croix (☒) si le restaurant correspond aux critères choisis.

10 points (0,5 point par case)

	Le Subtil		Le Parisien		Le Montmartre		Chez Maurice	
	OUI	NON	OUI	NON	OUI	NON	OUI	NON
Plats français								
Place pour 25 personnes								
Accueillant pour les ados								
Cadre traditionnel								
20 € maximum par personne								

❷ Quel restaurant choisissez-vous?

....

EXERCICE 2

(15 points)

Lisez le texte puis répondez aux questions, en cochant (☒) la bonne réponse, ou en écrivant l'information demandée.

AMBASSADEUR EN VISITE

Le dauphin prénommé Randy qui provoque des émeutes* sur toute la côte pourrait souffrir de sa popularité. [...] Il faut dire que ce dauphin ambassadeur, de l'espèce des grands dauphins, n'est vraiment pas effrayé par les humains. Des baigneurs ont raconté l'avoir touché à plusieurs reprises, même s'être accrochés à son aileron. Randy vient parfois lui-même chercher les caresses, en se mettant sur le dos. Les baigneurs sont bien sûr tous ravis de l'expérience.

Sauvage et imprévisible.

Ce mammifère mesurant 2,50 m et pesant environ 200 kg a été signalé sur la côte atlantique pour la première fois en 2001. Depuis, il ne cesse de faire parler de lui, notamment par son comportement atypique. Les dauphins vivent normalement en groupe. Celui-ci a été isolé et se rapproche des zones humaines probablement pour compenser cet isolement. En apparence très sociable avec les humains, il reste un animal sauvage, dont les réactions sont imprévisibles. Olivier Vancanneyt, directeur du Centre de Recherche sur les Mammifères Marins à la Rochelle, explique: *«Randy a passé un mois dans le port de Royan. Il n'y a jamais eu d'incident grave mais on a recensé des morsures, des bousculades [...]».*

Alexandre Dewez, président du Groupe d'Études de la Faune Marine Atlantique, explique que ces mammifères portent souvent des maladies transmissibles à l'homme. [...] L'homme peut également transmettre ses propres maladies à l'animal.

Règles de sécurité.

Françoise Pautrizel, directrice du Musée de la mer à Biarritz, a souvent observé ces mammifères. Et elle met en garde ses admirateurs un peu trop pressants. *«Il ne faut pas s'approcher du dauphin. C'est un mâle dominant, donc c'est lui qui doit maîtriser, il faut lui laisser l'initiative. Il pourrait mal réagir à des mouvements un peu brusques. En aucun cas il ne faut le toucher».* Et tous les experts sont unanimes sur ce point. Même si l'expérience est sympathique, il faut renoncer à caresser l'animal. Et lui laisser de l'espace.

Pauline Boyer, *Sud Ouest*, 12 août 2005.

***émeute:** désordre causé par un grand nombre de personnes.

1 Cet article pourrait se trouver dans la rubrique: *1 point*

☐ Loisirs. ☐ Sciences. ☐ Faits divers.

2 Quel est le but de ce texte sur le dauphin Randy? *1 point*

☐ Décrire le comportement de l'espèce.
☐ Lancer un avis de recherche pour retrouver ses petits.
☐ Prévenir des risques liés à sa présence près des plages.

3 Quand a-t-on commencé à voir ce dauphin? *2 points*

....

4 D'après les experts, Randy cherche sans doute: *1 point*

☐ de la nourriture. ☐ de la compagnie. ☐ une eau moins froide.

5 L'animal sème le désordre car les baigneurs: *1 point*

☐ sont nombreux à vouloir le toucher.
☐ sont pris de panique et fuient à son approche.
☐ sont de plus en plus nombreux et difficiles à surveiller.

6 Vrai ou faux ? Cochez (☒) la case correspondante et justifiez votre réponse en citant une partie du texte. *6 points (1,5 point par réponse)*

	VRAI	FAUX
1. Randy va de lui-même vers les baigneurs. Justification:		
2. Il vit dans la mer Méditerranée. Justification:		
3. Randy est un dauphin au comportement inhabituel. Justification:		
4. On peut le caresser à condition de faire très attention. Justification:		

7 Pourquoi Randy peut-il être dangereux? (cochez (☒) 2 réponses) *2 points*

☐ Un mois de captivité au Musée de la mer l'a rendu agressif.
☐ Il peut transmettre à l'homme certaines maladies.
☐ Il a déjà causé la mort de plusieurs personnes.
☐ Il a des réflexes défensifs quand il est surpris.
☐ Il mord quand on s'approche de sa femelle.

8 Randy pourrait «souffrir de sa popularité» car il risque: *1 point*

☐ de se blesser en jouant avec les baigneurs.
☐ d'attraper une maladie transmise par l'homme.
☐ de mourir de faim loin de son milieu naturel.
☐ de mourir de tristesse séparé de ses semblables.

➡

3 Production écrite

25 points

Votre professeur de français ne supporte plus les sonneries de téléphone portable qui perturbent le cours. Il vous donne ce sujet de réflexion:

Faut-il interdire l'usage du téléphone portable dans certains lieux publics (écoles, transports, commerces) ou à certaines occasions?

Vous parlez de votre expérience personnelle du téléphone portable: Quand l'utilisez-vous? Pourquoi?

Vous exprimez votre opinion sur l'interdiction du téléphone portable.

160 à 180 mots

4 Production orale

25 points

Cette épreuve d'expression orale comportera 3 parties qui s'enchaîneront, et durera entre 10 et 15 minutes.
Pour la 3e partie seule, le candidat dispose de 10 minutes de préparation. Cette préparation a lieu avant le déroulement de l'ensemble de l'épreuve.

10 minutes de préparation pour la 3e partie de l'épreuve uniquement

15 minutes de passation

1 ENTRETIEN DIRIGÉ (1re PARTIE) – *2 à 3 minutes*

Vous parlez de vous, de vos activités, de vos centres d'intérêt. Vous parlez de votre passé, de votre présent et de vos projets.
L'épreuve se déroule sur le mode d'un entretien avec l'examinateur, qui amorcera le dialogue par une question (exemple: *Bonjour. Pouvez-vous vous présenter, me parler de vous, de votre famille...?*)

L'examinateur relancera l'entretien sur des thèmes tels que:
Où avez-vous passé vos dernières vacances?
Qu'est-ce que vous êtes en train d'étudier?
Que voulez-vous faire plus tard?
Parlez-moi de vos passe-temps préférés?

2 EXERCICE EN INTERACTION (2e PARTIE) – *3 à 4 minutes*

Vous tirez au sort l'un des deux sujets que vous présente l'examinateur. Vous jouez le rôle qui vous est indiqué.

► **SUJET 1**

Vous revenez d'un stage de ski dans les Pyrénées. Dans l'autocar du retour, au bout d'un quart d'heure de route, vous vous apercevez que vous avez oublié votre portefeuille (documents d'identité, passeport, argent, etc.). Le chauffeur ne veut pas faire demi-tour pour ne pas prendre de retard. Vous insistez pour le faire changer d'avis.

(L'examinateur/L'examinatrice joue le rôle du chauffeur.)

► **SUJET 2**

Pendant votre séjour linguistique, vous déjeunez à midi au restaurant scolaire du lycée.
Vous êtes végétarien et chaque jour, c'est la même chose: aucun plat ne convient à votre régime.
Vous prenez rendez-vous avec le directeur/la directrice pour essayer de régler le problème.

(L'examinateur/L'examinatrice joue le rôle du directeur/de la directrice.)

3 EXPRESSION D'UN POINT DE VUE (3e PARTIE) – *Préparation: 10 minutes*

Vous tirez au sort l'un des deux documents que vous présente l'examinateur.
Vous dégagerez le thème soulevé par le document. Vous présenterez ensuite votre opinion sous la forme d'un petit exposé de 3 minutes environ. L'examinateur pourra vous poser quelques questions.

▶ **DOCUMENT 1**

Question à Nicole Vacher-Neill, psychiatre, auteure de *Comment peut-on être ado?* (Le Pommier, 2003)

– ***Valeurs mutualistes:*** Comment expliquer le besoin des jeunes de se retrouver en bandes?

– ***N. Vacher-Neill:*** Les adolescents sont en pleine contradiction. Ils ont à la fois besoin de se différencier, d'être sûrs de qui ils sont, et de retrouver leurs pairs*, d'être sûrs d'être comme les autres. Ils doivent, pour se construire, renoncer aux représentations idéalisées de leurs parents qu'ils avaient jusque-là. C'est un moment très inquiétant. Moins ils sont sûrs d'eux, et plus ils auront tendance à être influencés et à se perdre dans une identité collective un peu fausse.

Valeurs mutualistes, juillet-août 2006.

* les semblables

▶ **DOCUMENT 2**

Mon meilleur copain, ma meilleure copine, un(e) autre moi-même!

Les amitiés nouées durant les «années collège» sont importantes. Elles aident les jeunes à se construire, se retrouver et s'émanciper de leurs parents. C'est un test facile à faire. Posez la question: «Qui était votre meilleur copain, votre meilleure copine quand vous aviez douze ans?» En général, quelle que soit la personne interrogée, après quelques instants de réflexion, son visage s'éclaire et un nom «sort», remonté d'une époque de fous rires, de secrets partagés, de terribles disputes et d'amitié «pour toujours». Le meilleur copain, ou la meilleure copine des «années collège», chacun s'en souvient. En revanche, rares sont les personnes qui l'ont gardé(e), et, en général, il s'agit de celles qui ont un vrai don pour l'amitié.

Nathalie Lacube, *La Croix*, 30 mars 2005.

Liebe Schülerin, lieber Schüler,
mit dem zweiten Teil deines Arbeitsheftes trainierst du für die Prüfung DELF-B1. (▶ Buch, S. 111)

S'entraîner à l'examen Hier findest du Übungen, die dich auf die Aufgaben der Prüfung DELF-B1 vorbereiten.

Examen blanc Unter dieser Rubrik findest du Aufgaben im Prüfungsformat DELF-B1.

Compréhension orale | Hörverstehen

Was kommt in der Prüfung vor?
Ein Alltagsgespräch, eine Radiosendung, ein Interview.

Was musst du beachten?
- Lies die Aufgaben vor dem Hören.
- Du hörst jeden Text 2x, du brauchst also nicht schon beim 1. Hören alle Aufgaben zu beantworten.
- Die Reihenfolge der Aufgaben entsprechen der Reihenfolge der Informationen im Text.
- Beachte die Hinweise im Buch, S. 112.

Compréhension écrite | Leseverstehen

Was kommt in der Prüfung vor?
Lire pour s'orienter: Hier sollst du aus mehreren kurzen Texten (z. B. Annoncen) bestimmte Informationen herausfinden.
Lire pour s'informer: Hier liest du einen längeren Text über aktuelle Themen der Jugendkultur und beantwortest verschiedene Fragen.

Was musst du beachten?
- Lies vor dem Lesen des Textes die gesamte Aufgabenstellung sehr sorgfältig.
- Lies den Text bzw. die Texte mehrfach.
- Du musst nicht jedes Wort verstehen, um den Inhalt des Textes zu verstehen. Nutze dir bekannte Strategien zur Erschließung von Wörtern, die du nicht kennst (gleiche Wortfamilie? andere Sprache? Bilder? Textzusammenhang?).
- Beachte die Hinweise im Buch, S. 119–120.

Production écrite | Schreiben

Was kommt in der Prüfung vor?
Stellungnahmen in einem Internetforum, Artikel in einer Schülerzeitung, offizielle Briefe.

Was musst du beachten?
- Lies zuerst die Arbeitsanweisung genau und markiere dir die wichtigsten Punkte.
- Strukturiere deine Ideen, achte auf die logische Verbindung der Inhalte. ▶ S. 97
- Beachte die erforderliche Anzahl der Wörter (160–180).
- Beachte die Hinweise im Buch, S. 121–125.

Production orale | Sprechen

Was kommt in der Prüfung vor?
Entretien dirigé (2–3 min): Du präsentierst dich und dein Umfeld. Du beantwortest Fragen.
Exercice en interaction (3–4 min): Das ist ein Rollenspiel. Du kannst zwischen zwei Themen wählen. In der Regel müsst ihr ein „Problem" lösen. Du bist für den Fortgang des Gesprächs verantwortlich.
Expression d'un point de vue (6–7 min): Du ziehst einen Text und bereitest dich 10 Minuten vor: Du präsentierst den Text (Thema, Hauptpunkte) und sagst deine Meinung. Abschließend beantwortest du Fragen.

Was musst du beachten?
- Äußere deine Meinung klar und verbinde deine Argumente logisch miteinander. ▶ S. 97
- Wenn Du etwas nicht verstehst, bitte um Wiederholung.
- Beachte die Hinweise im Buch, S. 113–118.

Version | Übersetzung (Französisch → Deutsch)

Was kommt in der Prüfung vor?
Du übersetzt einen Text vom Französischen ins Deutsche.

Was musst du beachten?
- Achte auf wichtige Details wie Zeitformen der Verben *(il pouvait, il pourrait)*, Konjunktionen *(mais, ou, et, comme)* und Pronomen *(elle leur a dit)*.
- Übungen zur Übersetzung in Vorbereitung auf die Abschlussprüfung findest du hier: S. 64/3a, S. 67/4, S. 70/3, S. 75/3c, S. 89/2, S. 91/2a, S. 95/3 sowie im ersten Teil des Arbeitsheftes S. 17/4, S. 21/3a, S. 34/3b und S. 38/2.

Weitere Informationen zur Abschlussprüfung findest du hier: ▶ www.cornelsen.de ATOI-4-DELF

Compréhension orale

PRÉPARATION AU DELF B1

Conversation 1

In der DELF-Prüfung wirst du gesiezt *(Sie = vous)*.

S'entraîner à l'examen

23 **1** **Écoutez et cochez. Est-ce que la personne qui parle est contente ou pas contente?**

	1	2	3	4	5	6	7	8	9	10
☺										
☹										

24 **2** **Soulignez les phrases que vous entendez.**

1. Tu n'as pas l'air en forme. / Tu as l'air en forme.
2. Je vais avoir deux heures de maths. / Je viens d'avoir deux heures de maths.
3. Il n'y a pas d'humour dans la vie. / Il n'y a pas que l'humour dans la vie.
4. Il ne rit pas beaucoup. / Il rit beaucoup.
5. Je te laisse toute seule. / Je te laisse tout seul.
6. Qu'est-ce que tu en penses? / Est-ce que tu y penses?
7. Je n'aime pas les histoires de sœurs. / Je n'aime pas les histoires de cœur.

Examen blanc — 6 POINTS

Lisez les questions et écoutez le texte une première fois. Après, vous aurez 30 secondes pour commencer à répondre aux questions. Écoutez le texte une deuxième fois. Après, vous aurez 1 minute pour compléter vos réponses.

25 **3** **Répondez aux questions en cochant (x) la bonne réponse ou en écrivant l'information demandée.**

1. Tom est crevé parce qu'il — 1 POINT
   - ☐ vient d'avoir deux heures de maths avec M. Thierry.
   - ☐ vient de voir les sœurs de Thierry.
   - ☐ vient de faire du sport avec Thierry.
2. Pourquoi est-ce que Tom ne veut pas aller au cinéma avec sa sœur? — 1 POINT
   - ☐ Il n'a plus d'argent de poche.
   - ☐ Il n'a pas encore son argent de poche.
   - ☐ Il ne veut pas dépenser son argent de poche.
3. Que propose Caroline? — 1 POINT

   ____
4. Tom n'aime pas regarder — 1 POINT
   - ☐ les histoires de famille.
   - ☐ les histoires de cœur.
   - ☐ les histoires où on rigole.
5. D'après Caroline, Tom a un problème. Lequel? — 1 POINT

   ____
6. Qu'est-ce que Tom et Caroline décident finalement? — 1 POINT
   - ☐ Caroline va aller au cinéma avec une copine.
   - ☐ Caroline et Tom vont regarder ensemble un film à la télé.
   - ☐ Caroline et Tom vont préparer le repas.

Solutions, p. 5 du Cahier de solutions

Conversation 2

S'entraîner à l'examen

26 **1** **Cochez si vous entendez la phrase ou pas puis corrigez si nécessaire.**

	Oui	*Non*	*Corrigé*
1. Enfin, tu es là.	☐	☒	Il n'est pas là.
2. Il n'y avait pas de réseau.	☐	☐	
3. On est resté bloqués pendant une heure.	☐	☐	
4. Le film devait finir à 5 heures.	☐	☐	
5. Tu éteins la télé, d'accord?	☐	☐	
6. Je vais dire au revoir aux enfants et je file!	☐	☐	

27 **2** **Écoutez et mettez les phrases dans l'ordre. Numérotez-les de 1 à 8.**

- **a** La cata, quoi! ☐
- **b** Entendu, Madame Laval! ☐
- **c** Enfin, tu es là! ☐
- **d** Ah là là, je suis vraiment en retard! ☐
- **e** Désolé, j'ai eu un problème! ☐
- **f** Oui, d'accord, merci. ☐
- **g** À plus tard, Madame Laval. ☐
- **h** J'ai encore du crédit sur ma carte. ☐

Examen blanc

6 POINTS

28 **3** **Répondez aux questions en cochant (x) la bonne réponse ou en écrivant l'information demandée.**

1. Maxime — 1 POINT
   - ☐ habite chez Madame Laval.
   - ☐ travaille chez Madame Laval.
   - ☐ voudrait travailler chez Madame Laval.
2. Maxime est en retard parce qu' — 1 POINT
   - ☐ il a eu un accident.
   - ☐ il y a eu un accident dans le RER.
   - ☐ il a raté le RER.
3. Pourquoi Maxime n'a-t-il pas appelé Madame Laval? — 1 POINT

   ____

4. Madame Laval demande à Maxime — 1 POINT
   - ☐ de faire des quiches avec les enfants.
   - ☐ de regarder la télé avec les enfants.
   - ☐ d'arrêter la télé dans 30 minutes.
5. Qu'est-ce que Maxime a apporté? — 1 POINT

   ____

6. Madame Laval rentrera — 1 POINT
   - ☐ avant minuit.
   - ☐ après minuit.
   - ☐ à minuit.

Solutions, p. 5–6 du Cahier de solutions

Conversation 3

S'entraîner à l'examen

1 Cochez les chiffres que vous entendez.

29

1. Nous partons à	☐ 18 h 37	☐ 8 h 37	☐ 18 h 30.
2. Nous rentrerons à	☐ 11 h 15	☐ 16 h 15	☐ 13 h 20.
3. Le voyage coûte	☐ 17 €	☐ 27 €	☐ 25 €.
4. Le voyage ne coûte pas cher pour les	☐ moins de 27 ans	☐ plus de 25 ans	☐ moins de 25 ans.

Examen blanc

6 POINTS

2 Répondez aux questions en cochant (x) la bonne réponse ou en écrivant l'information demandée.

30

1. Guillaume — 1 POINT
   - ☐ ne s'entend pas avec son beau-père.
   - ☐ ne veut pas parler avec Lila.
   - ☐ ne veut pas débarrasser le lave-vaisselle.

2. Quel est le problème de Guillaume? — 1 POINT

   ____

3. Lila va passer le week-end à la campagne — 1 POINT
   - ☐ avec sa mère, une amie de sa mère et son fils.
   - ☐ avec son père, sa mère et sa sœur.
   - ☐ avec ses copains et sa mère.

4. Pourquoi est-ce que le frère de Lila ne peut pas venir? — 1 POINT

   ____

5. Ils vont partir — 1 POINT
   - ☐ vendredi soir et revenir dimanche soir à 10 h 45.
   - ☐ vendredi soir et revenir dimanche matin à 11 h.
   - ☐ vendredi soir et revenir dimanche soir à 11 heures et quart.

6. Lila conseille à Guillaume de — 1 POINT
   - ☐ ne pas parler à sa mère.
   - ☐ ranger sa chambre avant de parler à ses parents.
   - ☐ parler à sa mère et de ranger sa chambre après.

Émission de radio 1

S'entraîner à l'examen

1 Écoutez et retrouvez l'ordre des phrases.

31

- **a** ☐ C'est la photographie qui l'intéresse.
- **b** ☐ Il a grandi à Paris.
- **c** ☐ Ses photos sont géantes.
- **d** ☐ Il colle ses photos aux murs.
- **e** ☐ Ses parents viennent de Tunisie.
- **f** ☐ À 15 ans, il s'intéresse aux artistes de rue.
- **g** ☐ Il photographie des gens qu'on ne remarque pas.
- **h** ☐ Sa salle d'exposition, c'est la rue.

Solutions, p. 6–7 du Cahier de solutions

32 **2 a Écoutez et soulignez ce que vous entendez.**

1. JR est très discret. / JR, c'est un secret.
2. Ses voisins ne le connaissent pas. / Ses voisins ne le reconnaissent pas.
3. Ses photos sont gênantes. / Ses photos sont géantes.
4. En 2007, il a fait une exposition. / En 2017, il a fait une exposition.
5. Le long de la frontière. / C'est long, la frontière?
6. Les gens se ressemblent. / Les gens se rassemblent.
7. Un des monuments les plus importants. / Un monument qui n'est plus important.

33 **b Quel est le look de JR? Écoutez et cochez. Puis notez les mots que vous avez entendus pour justifier votre choix.**

1 ☐

2 ☐

3 ☐

____

Examen blanc — 8 POINTS

Vous allez entendre un document sonore. Vous aurez:
- *30 secondes pour lire les questions;*
- *une première écoute, puis 30 secondes de pause pour commencer à répondre aux questions;*
- *une deuxième écoute, puis une minute de pause pour compléter vos réponses.*

34 **3 Pour répondre aux questions, écoutez et cochez la bonne réponse (x) ou écrivez l'information demandée.**

1. Que sait-on de l'artiste JR? — 1 POINT
   - ☐ Personne ne le connaît.
   - ☐ On connaît son visage.
   - ☐ On connait son look.

2. Que représentent les lettres «JR»? — 1,5 POINT

   ____

3. D'où viennent les parents de JR et où habitent-ils? — 2 POINTS

   ____

4. JR aime — 1 POINT
   - ☐ coller des photos de gens inconnus sur les murs.
   - ☐ dessiner des portraits et les coller sur les murs.
   - ☐ prendre des photos de stars et les coller aux murs.

5. JR colle ses photos — 1 POINT
   - ☐ seulement à des endroits où c'est permis.
   - ☐ à des endroits où ce n'est pas permis.
   - ☐ seulement à des endroits où ce n'est pas dangereux.

6. JR fait du street art parce que/qu' — 1,5 POINT

   ____

Solutions, p. 7–8 du Cahier de solutions

Émission de radio 2

S'entraîner à l'examen

1 **Notez les mots et expressions dans la bonne colonne. Attention, il y a plusieurs solutions possibles.**

bio respecter des règles l'huile la bouteille recycler la viande la qualité polluer AB régional la boîte

le produit	l'emballage	le label
___	___	___
___	___	___
___	___	___

35 **2** **Écoutez. Puis, soulignez ce que vous entendez.**

1. Triez vos déchets! / Jetez vos déchets!
2. S'il y a un logo très clair. / S'il y a un logo vert clair.
3. Une flèche vert foncé. / Le feu est vert: Foncez!
4. Savons-nous bien les lire? / Savons-nous bien lire?
5. Ce label est peu connu. / Ce label est un peu moins connu.
6. Les produits ont de plus en plus de labels. / Les produits n'ont plus de labels.

Examen blanc

8 POINTS

36 **3** **Pour répondre aux questions, écoutez et cochez la bonne réponse (x) ou écrivez l'information demandée.**

1. Cette émission de radio a pour principal objectif d'informer sur — 1 POINT
   - ☐ les produits dans les supermarchés.
   - ☐ les étiquettes sur les produits.
   - ☐ les jeunes consommateurs.
2. De quelle couleur est le label AB? Qu'est-ce qu'il veut dire? — 2 POINTS

   a) ___

   b) ___
3. Que garantit le label rouge? — 1 POINT

   ___
4. Le logo AOC se trouve sur — 1 POINT
   - ☐ certains produits régionaux.
   - ☐ le fromage seulement.
   - ☐ l'huile et le fromage seulement.
5. Le camembert qui porte le logo AOC est fait — 1 POINT
   - ☐ en Tunisie.
   - ☐ avec du lait qui vient de Normandie.
   - ☐ en Camargue.
6. Dans quels pays trouve-t-on aussi le label AOC? — 2 POINTS

   ___

Solutions, p. 8 du Cahier de solutions

Émission de radio 3

S'entraîner à l'examen

1 **Cochez les nombres que vous entendez.**

37 **a**

1999	1995	1950	1977	1979	1991

38 **b**

03.85.41.21.70	03.95.48.20.13	03.88.41.20.09	03.95.51.21.12	03.88.42.21.15

39 **c**

2	28	13	3	5	15	8	9

Examen blanc — 8 POINTS

40 **2** **Pour répondre aux questions, écoutez et cochez la bonne réponse (x) ou écrivez l'information demandée.**

1. Cette émission de radio informe sur — 1 POINT
   - ☐ la fin de la Seconde Guerre mondiale.
   - ☐ des fêtes gastronomiques dans les trois capitales européennes.
   - ☐ la journée de l'Europe à Strasbourg.
2. Dans quelle partie de la ville le parlement Européen se trouve-t-il? — 2 POINTS

   ____

3. Depuis quand le parlement Européen est-il à Strasbourg? — 1,5 POINT

   ____

4. Pendant la journée portes-ouvertes, — 1 POINT
   - ☐ les visites guidées durent 30 minutes.
   - ☐ il y a des visites toutes les 30 minutes.
   - ☐ il y a des visites toutes les heures.
5. Quel numéro faut-il appeler pour visiter le Palais de l'Europe? — 1,5 POINT

   ____

6. Dans le parc de l'Orangerie, il y a — 1 POINT
   - ☐ une statue de Napoléon.
   - ☐ un château.
   - ☐ des arbres plein d'oranges.

Interview 1

S'entraîner à l'examen

41 **1** **Écoutez puis soulignez ce que vous entendez.**

1. Ce qui compte ... / Ce qu'ils racontent ...
2. Les deux médiateurs ... / ... de deux médiateurs
3. Il a l'air d'accord. / Il n'est jamais d'accord.
4. ... proches des élèves. / ... proche d'un élève.
5. Ils sont contents. / C'est important.
6. Depuis que je les aide ... / Et puis, je les aide ...
7. Il a des règles. / Il y a des règles.
8. leurs propres problèmes / ses propres problèmes

Solutions, p. 8–9 du Cahier de solutions

42 **2 a Écoutez et complétez les phrases avec les mots-clés.**

A: Vous êtes ____________________ médiateurs? Qu'est-ce que c'est, un ________________?

B: Un médiateur, c'est un ______________ qui a reçu une ______________ pour aider d'autres élèves à ______________ leurs ______________.

A: Tu es ____________________ avec la définition d'Émilie?

C: Pour moi, le médiateur aide les élèves à trouver une ________________ eux-__________.

42 **b Écoutez encore une fois et corrigez.**

Examen blanc

11 POINTS

Vous allez entendre un document sonore. Vous aurez:
- *1 minute pour lire les questions;*
- *une première écoute, puis 3 minutes pour répondre aux questions;*
- *une deuxième écoute, puis 2 minutes pour compléter vos réponses.*

43 **3 Pour répondre aux questions, écoutez et cochez la bonne réponse (x) ou écrivez l'information.**

1. Le texte parle surtout — 1 POINT
   - ☐ des conflits au collège.
   - ☐ des gestes écolo au collège.
   - ☐ des profs et des élèves.

2. Comment devient-on médiateur dans un collège? — 2 POINTS

   ____

3. Que font les médiateurs à l'école? — 1 POINT
   - ☐ Ils proposent des formations aux élèves.
   - ☐ Ils aident les profs dans des situations difficiles.
   - ☐ Ils aident les élèves à régler leurs conflits.

4. Quel est le but d'une bonne médiation? — 2 POINTS

   ____

5. Pourquoi les profs ne peuvent-ils pas faire ce travail? — 1 POINT
   - ☐ Ils sont très proches des élèves.
   - ☐ Ils se concentrent sur leur matière.
   - ☐ Ils ne veulent pas s'occuper des élèves qui se battent.

6. Quel problème est-ce qu'Aurélien a déjà eu? — 1 POINT
   - ☐ Son prof n'a pas pu l'aider.
   - ☐ Il n'a pas réussi à calmer un élève.
   - ☐ Il s'est battu avec un prof.

7. D'après Émilie, pourquoi est-il important qu'il y ait une bonne ambiance en classe? — 2 POINTS

   ____

8. D'après Aurélien, être médiateur apporte aussi un avantage personnel. Lequel? — 1 POINT
   - ☐ On réussit mieux au collège.
   - ☐ On reçoit un diplôme.
   - ☐ On règle mieux ses conflits personnels.

Solutions, p. 9–10 du Cahier de solutions

Interview 2

S'entraîner à l'examen

1 **Faites un tableau avec ces mots.**

courir participer venir geler
s'entraîner regarder encourager
glisser pratiquer neiger applaudir

les sportifs	le public	l'hiver

44 **2** **Vrai ou faux. Écoutez et cochez les informations correctes.**

Cyril vient de France ☐ / habite au Canada ☐ / n'aime pas le Québec ☐ / fait un sport extrême ☐ / n'aime pas les sports difficiles ☐ / fait de la trotinette pour s'entraîner ☐ / court pour s'entraîner ☐ / dit qu'en hiver au Canada, il fait très froid ☐.

Examen blanc — 11 POINTS

45 **3** **Pour répondre aux questions, écoutez et cochez la bonne réponse (x) ou écrivez l'information.**

1. Le texte parle — 1 POINT
   - ☐ d'un sport extrême traditionnel de France.
   - ☐ d'un sport qu'on pratique seulement au Québec.
   - ☐ d'un sport que seuls les Français pratiquent au Canada.

2. À quelle saison est-ce qu'on pratique ce sport **(a)** et qu'est-ce qu'il faut faire **(b)**? — 2 POINTS

   a) ______________________________

   b) ______________________________

3. En hiver, sur le Saint-Laurent — 1 POINT
   - ☐ il y a beaucoup de bateaux.
   - ☐ il y a beaucoup d'eau.
   - ☐ il y a beaucoup de glace.

4. Pour pratiquer ce sport, il faut — 1 POINT
   - ☐ courir.
   - ☐ nager.
   - ☐ geler.

5. Que faut-il faire pour être fort dans ce sport? — 2 POINTS

   ____

   ____

6. À combien pratique-t-on ce sport? — 2 POINTS

   ____

7. Qu'est-ce qui se passe en janvier et en février dans la ville de Québec? — 1 POINT
   - ☐ Beaucoup de sportifs viennent pour participer à la compétition.
   - ☐ Beaucoup de sportifs viennent pour fêter le carnaval.
   - ☐ Beaucoup de spectateurs viennent admirer les costumes des sportifs.

8. Les Québécois — 1 POINT
   - ☐ trouvent que l'hiver est trop long.
   - ☐ sont fans de canot à glace.
   - ☐ ont peur de l'hiver.

Solutions, p. 10–11 du Cahier de solutions

Interview 3

S'entraîner à l'examen

1 **a** Retrouvez et notez les mots de la famille «apprentissage/métier» avec l'article défini.

46 **b** Écoutez et cochez les mots de **a** que vous entendez.

ta	mation	______________	☐
ap	pétition	______________	☐
con	cours	______________	☐
for	sion	______________	☐
com	lent	______________	☐
par	périence	______________	☐
con	tact	______________	☐
pas	prentie	______________	☐
ex	cours	______________	☐

Examen blanc

11 POINTS

47 **2** Pour répondre aux questions, écoutez et cochez la bonne réponse (**x**) ou écrivez l'information.

1. Charlotte — 1 POINT
   - ☐ a visité un salon de coiffure à Paris.
   - ☐ a participé à un concours à Paris.
   - ☐ a commencé à travailler à Paris.

2. Pourquoi est-ce que Charlotte n'est pas vraiment contente? — 2 POINTS

   ____

3. Qu'est-ce qui montre que Charlotte est très bonne dans son domaine? — 2 POINTS

   ____

4. Où est-ce que Charlotte a découvert le métier de coiffeuse? — 1 POINT
   - ☐ Dans le salon d'une amie de sa mère.
   - ☐ Pendant un stage.
   - ☐ Dans le salon de coiffure de sa mère.

5. Qu'est-ce que Charlotte aime le plus dans ce métier? — 1 POINT
   - ☐ Parler aux clients.
   - ☐ Voir les clients heureux.
   - ☐ Créer de nouvelles coiffures.

6. A-t-elle passé son bac? Pourquoi (pas)? — 2 POINTS

   ____

7. Comment a-t-elle su que ce concours existait? — 1 POINT
   - ☐ On lui en a parlé à l'école.
   - ☐ Sa mère le lui a dit.
   - ☐ Elle l'a découvert toute seule sur Internet.

8. Quels sont les projets de Charlotte? — 1 POINT
   - ☐ Elle veut partir à l'étranger.
   - ☐ Elle veut participer à différents concours.
   - ☐ Elle veut créer sa propre entreprise.

Solutions, p. 11 du Cahier de solutions

PRÉPARATION AU DELF B1

Lire pour s'orienter I

In der DELF-Prüfung wirst du gesiezt *(Sie = vous)*.

S'entraîner à l'examen

1 a Voici des mots et expressions que vous allez trouver dans les annonces **1** à **4** de l'examen blanc. Complétez le tableau ci-dessous.

nocturnes gladiateurs lundi aventure tremblement de terre lumière exceptionnelle Première Guerre mondiale chute de météorite Moyen Âge adultes éruption volcanique animaux effets spéciaux émotion prix adrénaline feu d'artifice enfants histoire expérience de glisse antiquité légende euros dauphins chaises dynamiques révolution industrielle looping château Renaissance tournoi village gaulois gratuitement mystères sentir surprises corps humain robots pharaons

offre spéciale	sensations fortes	thème historique	programme du soir	nature/animaux

b Choisissez pour chaque critère une couleur. Puis retrouvez dans les annonces **1** à **4** de l'examen blanc les mots et les expressions du tableau de **a** et surlignez-les avec la bonne couleur.
Exemple: *Découvrez les mystères de la terre: …*

c Lisez l'exercice **2**. Quelles informations devez-vous trouver dans les annonces? Soulignez-les mots-clés.

Examen blanc

10 POINTS

2 Votre corres a la chance d'habiter près de quatre parcs d'attraction. Sa mère vous propose d'y aller pour une journée en début de semaine. Elle est *fan d'histoire* et elle voudrait aussi profiter d'un *programme du soir* avant de rentrer. Votre corres et vous, vous aimez avant tout *les sensations fortes*. Mais le petit frère de votre corres qui vous accompagne préfère *apprendre des choses sur la nature ou observer des animaux*. De plus, vous voulez profiter d'un *tarif spécial* qui convient à votre groupe. (1 adulte, 2 jeunes de 15 et 16 ans, 1 enfant de 6 ans).
Voici les annonces que vous avez trouvées sur Internet.

1 **VULCANIA** *Le grand parc à thème sur les volcans*

Découvrez les mystères de la terre: tornade, tremblement de terre, chute de météorite, éruption volcanique …

Vous aimez sentir l'adrénaline qui monte? Alors visitez notre cinéma en 4D ou prenez place sur les chaises dynamiques pour un voyage plein de surprises au centre de notre planète!

» Expériences et ateliers sciences de la terre avec un animateur

» Cité des enfants, un espace où les 3 à 7 ans découvrent les 4 éléments

» Bon plan pour les amoureux: Séjour 2 jours / 1 nuit à deux dans un hôtel volcanique à un prix imbattable!

Le parc est ouvert chaque jour de 10 h 00 à 19 h 30

Solutions, p. 12 du Cahier de solutions

2 Futuroscope – *Le grand parc d'attraction qui n'attend pas demain pour vous parler du futur!*

VIRUS ATTACK: Les effets spéciaux sont au rendez-vous pour une aventure à travers le corps humain!

DANSE AVEC LES ROBOTS: Une discothèque comme tu n'en as jamais vu, et toi, tu es dans les bras d'un robot qui te fait tourner!

LES MACHINES DE L'INGÉNIEUR LÉONARD: à partir de 5 ans!

Ouvert tous les jours en été jusqu'à 22 h 30

Grand spectacle nocturne Magie et chansons avec la voix de ***Nolwenn Leroy***

Lundi, Journée famille: *pour deux adultes qui payent, deux enfants (0 à 15 ans) entrent gratuitement!*

3 PARC ASTÉRIX

En route pour l'Antiquité!

À ne pas rater cet été:
1 entrée adulte offerte pour 3 entrées enfants payées

Découvrez le parc avec **ses six univers**: l'Égypte, la Gaule, l'Empire romain, la Grèce, les Vikings, le voyage à travers le temps, et ne ratez pas la rencontre avec les personnages de la bédé dans le village gaulois!

Delphinarium: Grand spectacle de dauphins et autres animaux marins pour toute la famille tous les jours de 12 h à 18 h.

Les 7 loopings les plus fous d'Europe! Vivez une expérience de glisse à 60 km/h! À 90 km/h et 40 mètres de hauteur, les pieds dans le vide, OzIris, une aventure que vous n'êtes pas prêts d'oublier!

Nocturnes Égyptiennes tous les samedis d'avril à octobre et chaque soir en été: de 21 h à 23 h, sons & lumières et feux d'artifice vous transporteront au temps des pharaons.

4 Puy du fou – *Pour tous ceux qui aiment l'histoire*

Parc à thèmes: village 1900, château Renaissance, à l'époque de la révolution industrielle

Tranquillement installés dans un amphithéâtre de 500 places, vous revivez un combat de gladiateurs ou un tournoi du Moyen Âge avec 1200 acteurs et danseurs et 24 000 costumes!

La légende de Martin: Spectacle de marionnettes pour les plus jeunes

Nouveauté:
Grand spectacle nocturne «Les amoureux de Verdun» spectacle sur la Première Guerre mondiale

Offre exceptionnelle:
– 25 % pour les groupes de plus de 25 personnes

a Pour chaque critère, mettez une croix (x) dans la case «oui» ou «non».

	Vulcania		Futuroscope		Parc Astérix		Puy du fou	
	oui	non	oui	non	oui	non	oui	non
offre spéciale qui convient à votre groupe								
sensations fortes								
thème historique								
programme du soir								
nature ou animaux								

b Quel parc choisissez-vous? ______________________________

Solutions, p.13 du Cahier de solutions

Lire pour s'orienter 2

S'entraîner à l'examen

1 a **Voici des mots et expressions que vous allez trouver dans les annonces 1 à 4 de l'examen blanc. Lisez-les et complétez le tableau ci-dessous.**

service en terrasse · 7 jours sur 7 · sable · balançoires · vue panoramique · tables à l'extérieur · plage · jusqu'à 19 heures en semaine · poisson · fermé le lundi · produits régionaux · terrain de volley · cuisine traditionnelle · salades · spécialités bretonnes · fruits de mer · en soirée · légumes · du mardi au dimanche · toboggans · à partir de 19 heures · en semaine · poisson au cidre breton · le soir · crêpes

ouvert lundi soir	terrasse avec vue	plats typiques	pas de viande	terrain de jeux

b **Choisissez pour chaque critère une couleur. Puis retrouvez dans les annonces 1 à 4 de l'examen blanc les mots et les expressions du tableau de a et surlignez-les avec la bonne couleur.**

Examen blanc

10 POINTS

2 **C'est *lundi soir*, vos parents viennent d'arriver dans votre famille d'accueil en Bretagne et vous voulez aller fêter la fin de votre séjour tous ensemble au restaurant. Mais ce n'est pas facile de choisir un restaurant parce que votre mère voudrait avoir la possibilité de *manger dehors* dans un bel endroit et que votre père *voudrait goûter à un plat typique de la région*. Votre corres *ne mange pas de viande* et il faut *un terrain de jeu* pour les deux petits frères de votre corres qui ne peuvent pas rester tranquilles à table trop longtemps. Voici les annonces que vous avez trouvées sur Internet.**

1

Les pieds dans le sable

© Fotolia / pickillustrations

Cuisine traditionnelle | Fruits de mer

SPÉCIALITÉ DU CHEF:
Le poisson au cidre breton

OUVERT toute la journée, de mardi à dimanche (6 tables à l'intérieur, 15 tables à l'extérieur)

ACCÈS:
Le restaurant se trouve sur la plage, entre le terrain de volley et le mini-golf

2

Surcouf le corsaire

© Fotolia / Boris Ryzhkov

Ambiance bateau de pirate garantie dans la petite salle de ce restaurant du centre-ville

Dès qu'on entre, on se sent transporté dans un autre univers! Pour ses plats de poisson comme pour ses plats de légumes, le chef n'utilise que des produits régionaux et vous les sert avec des boissons du terroir!

Ouvert 7 jours sur 7, le soir seulement. Réservation conseillée.

3

Chez Rosalie

- Maison typiquement bretonne au milieu d'un beau jardin potager
- Balançoires et toboggans pour les enfants

© Fotolia / IMAGINE

- Salades, crêpes, légumes du jardin, spécialités bretonnes
- Service en terrasse et à l'intérieur
- À partir de 19 heures en semaine, le week-end service à midi et en soirée.

Jour de fermeture: Jeudi

▶

Solutions, p. 13–14 du Cahier de solutions

4

La tour d'émeraude

Vue panoramique sur toute la côte

Fermé le lundi

© Fotolia / Kondor83

Menu gastronomique

Crêpes tomates gingembre jambon
ou
Salade de sardines aux champignons

Steak au vin de miel avec pommes de terre
*
Mousse au chocolat
Glace au caramel sur son lit d'oranges

a **Pour chaque critère, mettez une croix (x) dans la case «oui» ou «non».**

	Les pieds dans le sable		Surcouf le corsaire		Chez Rosalie		La tour d'émeraude	
	oui	non	oui	non	oui	non	oui	non
ouvert le lundi soir								
terrasse avec vue								
plats typiques de la région								
plats végétariens/poisson								
terrain de jeux								

b **Quel restaurant choisissez-vous?** ____________________

Lire pour s'orienter 3

S'entraîner à l'examen

1 **Choisissez pour chaque critère de la grille (► p. 63/2a) une couleur. Puis retrouvez dans le texte et dans les annonces 1 à 4 de l'examen blanc les mots et les expressions qui correspondent à ces critères et surlignez-les avec la bonne couleur.**

Examen blanc

10 POINTS

2 **Vous voulez passer quelques semaines en France, mais** *vous ne pouvez pas recevoir un corres chez vous* **parce que vous partagez déjà votre chambre avec votre sœur. Mais vous** *ne voulez pas nécessairement payer pour votre séjour*. **En plus,** *ça ne vous intéresse pas trop d'aller à l'école*. **Vous** *ne voulez pas partir avec un groupe que vous connaissez* **déjà, comme votre classe. De plus, vous** *ne voulez pas qu'il y ait d'autres nationalités que des Allemands et des Français* **dans le groupe parce que vous voulez absolument faire des progrès en français.**
Voici les annonces que vous avez trouvées sur Internet.

1

Étudier en France avec le programme Brigitte Sauzay

© Fotolia / nenetus

Le programme d'échange individuel Brigitte Sauzay organisé et subventionné par l'OFAJ propose aux élèves allemands de 9ème et 10ème classe un échange de 3 mois minimum:
- Vous êtes logé dans la famille de votre correspondant.
- Vous allez avec lui en cours et participez aux activités de sa famille.
- Vous recevez à votre tour pendant trois mois votre correspondant dans votre famille.

© Fotolia / Regormark

L'OFAJ vous aide à trouver un partenaire et finance les voyages. Vous pouvez télécharger le dossier de candidature sur le site de l'OFAJ.

Solutions, p. 14 du Cahier de solutions

2

CHANTIERS DE JEUNES FRANCO-ALLEMANDS CHERCHENT PARTICIPANTS

Vous vous intéressez à l'Europe et à son histoire? Vous êtes autonome et savez vous débrouiller tout seul? Vous n'avez pas peur de travailler avec vos mains 20 heures par semaine? Vous voulez vous faire de nouveaux amis? Alors, les chantiers de jeunes franco-allemands sont pour vous!

Jeunes Français et jeunes Allemands se rencontrent dans un lieu symbolique de l'histoire franco-allemande et travaillent ensemble pour le restaurer. Les activités? Porter des sacs de sable, reconstruire des murs, inventer des animations pour les touristes! Attention, il faut avoir entre 14 et 26 ans! Et, bien sûr, le soir au coin du feu, vous pourrez discuter des différences et des points communs existant entre jeunes Européens. C'est grâce aux chantiers de jeunes que des lieux où les Allemands et les Français se sont battus deviennent des symboles de paix.

© Hill Street Studios/Blend Images/Corbis

Le voyage, la nourriture et le logement dans des tentes de 8 à 10 personnes sont offerts. Par contre, on demande aux jeunes de participer à la cuisine et aux tâches ménagères.

3

Échange sportif avec Villefranche

© Fotolia / Monkey Business

Le club multisports de Villefranche cherche un club allemand pour un échange de 15 jours en été (1 semaine en France et 1 semaine en Allemagne).

LE BUT: constituer des équipes franco-allemandes pour apprendre à se connaître, s'entraîner ensemble et organiser à la fin du séjour une olympiade franco-allemande de natation, d'athlétisme, de foot et de rugby.

Les participants doivent être membres d'un club sportif et doivent payer leur voyage eux-mêmes (train ou avion). L'Office franco-allemand pour la jeunesse finance le logement en auberge de jeunesse.

4

École de langues d'Amboise – Apprenez le français au bord de la Loire

Vous voulez découvrir la vie en France? Vous voulez faire des progrès en français? L'école de langues d'Amboise vous accueille individuellement et vous propose des cours agréables dans une atmosphère sympathique.

→ Cours en petits groupes internationaux de 7 personnes maximum le matin
→ Séquences individuelles pour répondre à vos besoins particuliers
→ Programme culturel l'après-midi (visite des châteaux de la Loire)
→ Possibilité d'habiter en pension ou chez l'habitant

Formule découverte: 529 €/semaine
Formule intensive: 699 €/semaine

© Fotolia / scaliger

a **Pour chaque critère, mettez une croix (x) dans la case «oui» ou «non».**

	Programme Sauzay		Chantiers de jeunes franco-allemands		Échange sportif		École de langues d'Amboise	
	oui	non	oui	non	oui	non	oui	non
recevoir qn chez soi								
dépenser de l'argent pour le voyage								
aller au collège								
partir avec des gens qu'on connaît								
être avec des jeunes seulement allemands ou français								

b **Quel programme choisissez-vous?** ______________________________

Lire pour s'informer I

S'entraîner à l'examen

1 **Voici des mots avec leur traduction. Ils vous aident à comprendre des mots du texte, p. 65, qui sont de la même famille de mots. Retrouvez-les dans le texte, p. 65. Notez la ligne et leur traduction allemande.**
▶ Méthodes, p. 120/20.

1. se rassembler = sich versammeln → l. 1 le rassemblement = die Versammlung
2. autoriser = erlauben → ______ = ______
3. partager = teilen → ______ = ______
4. s'occuper de qc = sich beschäftigen → ______ = ______

2 a **De quoi est-ce que l'article, p. 65, parle? Lisez-le et cochez la bonne phrase.**

1. ☐ Il faut inviter les élèves à faire plus d'activités en dehors des cours parce que sinon, ils regardent trop YouTube.
2. ☐ Il existe, dans certains collèges, des projets de flash mob mais en général, les collèges n'offrent pas assez d'activités en dehors des cours.
3. ☐ Participer à des activités en dehors des cours permet aux profs et aux élèves d'un collège de mieux se connaître.

b **Voici les idées principales de l'article, p. 65. Notez pour chaque idée le bon paragraphe[1].**

a) Le succès d'un flash mob dépend aussi de la discrétion de ceux qui le préparent. → *paragraphe* ___
b) On retrouve le phénomène du flash mob même dans les collèges. → *paragraphe* ___
c) Danser n'est pas la seule activité possible lors d'un flash mob. → *paragraphe* ___
d) Quand ils participent à un flash mob, les élèves montrent qu'ils savent faire plus de choses que ce que les profs leur demandent en cours. → *paragraphe* ___

[1] **le paragraphe** Abschnitt

c **Pour vous aider à répondre aux questions de l'examen blanc, reliez d'abord chaque phrase à sa traduction.**

Le principal a aidé les jeunes. ☐ **1**	**a** Er hat die Aufsichtspersonen gebeten den Jugendlichen zu helfen.
Il était très fier de l'idée et en a parlé à tout le monde. ☐ **2**	**b** Der Schulleiter hat den Jugendlichen sehr geholfen.
Il a demandé aux surveillants d'aider les jeunes. ☐ **3**	**c** Er war sehr stolz auf die Idee und hat allen davon erzählt.

d **Retrouvez dans l'article, p. 65, les phrases qui correspondent aux phrases de c et soulignez-les. Puis cochez les phrases de c qui sont fausses.**

3 a **Entraînez-vous à la version. Traduisez ces phrases en allemand.**

1. a) Il suffit de jeter un coup d'œil sur YouTube / pour se rendre compte que / de plus en plus d'élèves utilisent cette nouvelle forme de performance / pour créer un événement dans leur école.

______

______

______

Solutions, p. 16 du Cahier de solutions

b) Il suffit de jeter un coup d'œil sur YouTube / pour se rendre compte que / plus d'élèves de lycées que de collèges utilisent cette nouvelle forme de performance / et créent ainsi un événement dans leur école.

____

____

____

2. a) Pour un spectacle de ce genre, / il faut vraiment d'autres qualités que les qualités que les profs attendent en cours.

____

____

b) Pour un spectacle de ce genre, / il faut d'autres qualités et beaucoup de moyens techniques.

____

____

b **Soulignez les différences entre les phrases en français et en allemand de a.**

Examen blanc — 15 POINTS

Collège: Alors on danse?

© Fotolia / adam121

Les rassemblements éclairs ou flash mobs sont à la mode. On trouve sur Internet des vidéos qui montrent des centres commerciaux, des bibliothèques ou des aéroports où, tout à coup, les gens se mettent à danser ou à chanter et transforment un endroit banal en lieu de spectacle et de rencontre parfois extraordinaire. Mais est-il possible d'organiser un flash mob dans un collège? Il suffit de jeter un coup d'œil sur YouTube pour se rendre compte que de plus en plus d'élèves utilisent cette nouvelle forme de performance pour créer un événement dans leur école. Nous avons mené l'enquête pour vous dans deux collèges qui ont tenté l'expérience.

Au collège d'Ivry, ce sont les profs de sport qui ont lancé l'idée et inventé la chorégraphie. Toutes les classes se sont entraînées pendant les cours de sport et la performance a eu lieu en juin, pendant la fête d'été. La directrice trouve que ça a été une bonne expérience: «Mes collègues et moi avons découvert certains élèves d'une autre façon. Pour un spectacle de ce genre, il faut vraiment d'autres qualités que celles que les profs attendent d'habitude en cours». Victor, élève de quatrième, est, lui, plus critique: «Ce sont les profs qui ont tout fait! Nous, on n'a rien pu dire et ceux qui ne voulaient pas participer ont eu des problèmes, comme toujours à l'école!»

Au collège de Saint-Quentin, par contre, un groupe de filles a tout organisé. Elles ont eu de la chance parce que le principal a tout de suite aimé leur idée et leur a donné l'autorisation de s'entraîner le samedi après-midi au gymnase. «Il venait nous ouvrir les portes, c'était très sympa», se souvient Lucie. «Et puis, il a gardé le secret, ce qui était très important parce que ce qui compte dans un flash mob, c'est surtout la surprise. C'est pour ça qu'on n'a pas répété pendant les cours de sport mais le week-end». Yolande Lebrun, un professeur qui n'était pas au courant, confirme: «Quand on ne s'y attend pas, c'est un peu magique, on a l'impression d'être dans un film».

À Ivry comme à Saint-Quentin, tous les participants sont d'accord pour dire que le flash mob a été un grand moment de partage et de fusion. «Le flash mob», dit Carole, surveillante à Ivry, «a changé ma relation avec certains élèves. Maintenant, nous sommes plus proches qu'avant.» Amandine, élève de troisième à Saint-Quentin, explique: «Au début, il y avait des élèves qui étaient contre parce qu'ils ne voulaient pas danser. Alors on a trouvé d'autres occupations pour eux: installer la stéréo par exemple, ou filmer la chorégraphie. Finalement, tout le monde a fait quelque chose. On était vraiment un groupe!»

Solutions, p. 16 du Cahier de solutions

4 **Lisez l'article p. 65 et répondez aux questions en cochant (x) la bonne réponse et en écrivant les informations demandées.**

1. L'article parle surtout — 1 POINT
   - ☐ des flash mobs qu'on voit sur YouTube.
   - ☐ des performances dans des lieux publics.
   - ☐ des flash mobs qui ont lieu au collège.

2. D'habitude, un flash mob se passe — 1 POINT
   - ☐ dans un endroit public.
   - ☐ dans les bibliothèques et les écoles.
   - ☐ dans une salle de spectacles.

3. Au collège d'Ivry — 1 POINT
   - ☐ les profs et les élèves ont participé avec plaisir.
   - ☐ les profs ont eu l'idée et les élèves n'ont pas eu le choix.
   - ☐ les élèves ont eu l'idée mais les profs n'étaient pas d'accord.

4. Les élèves du collège d'Ivry ont présenté leur flash mob à la fin de l'année scolaire. — 1,5 POINT

   Vrai: ☐ *Faux:* ☐

   Justification: ______________________________

5. Pendant l'entraînement, les profs du collège d'Ivry ont mieux fait la connaissance de leurs élèves. — 1,5 POINT

   Vrai: ☐ *Faux:* ☐

   Justification: ______________________________

   ____

6. Au collège de Saint-Quentin, tous les élèves étaient motivés. — 1,5 POINT

   Vrai: ☐ *Faux:* ☐

   Justification: ______________________________

7. Le principal du collège de Saint-Quentin — 1 POINT
   - ☐ était fier de l'idée et a aidé les jeunes.
   - ☐ était très fier de l'idée et en a parlé à tout le monde.
   - ☐ a demandé aux surveillants d'aider les jeunes.

8. Les élèves du collège de Saint-Quentin ont raté les cours de sport pour préparer leur flash mob. — 1,5 POINT

   Vrai: ☐ *Faux:* ☐

   Justification: ______________________________

   ____

9. Pourquoi ne faut-il pas raconter qu'on prépare un flash mob? — 2 POINTS

   ____

10. Comment le flash mob a-t-il été vécu dans les deux collèges? — 2 POINTS

    ____

11. Quand on fait un flash mob dans un collège, — 1 POINT
    - ☐ tous les élèves doivent savoir danser.
    - ☐ tous les élèves peuvent être actifs.
    - ☐ tous les élèves sont contents.

Solutions, p. 17 du Cahier de solutions

Lire pour s'informer 2

S'entraîner à l'examen

1 **Ces verbes vous aident à comprendre des mots inconnus de l'article, p. 68. Traduisez chaque verbe. Puis retrouvez dans l'article, p. 68, pour chaque verbe un nom de la même famille. Notez le nom et sa traduction.** ▶ **Méthodes, p. 120/20**

1. aider = ______________ → ________________________ = ________________________
2. bricoler = ______________ → ________________________ = ________________________
3. consommer = ______________ → ________________________ = ________________________
4. connaître = ______________ → ________________________ = ________________________
5. utiliser = ______________ → ________________________ = ________________________

2 **La structure d'un texte vous aide à le comprendre. Lisez l'article, p. 68, et choisissez pour chaque paragraphe un titre.**

	§ 1	§ 2	§ 3	§ 4	§ 5	§ 6
Tuto et argent						
Pourquoi un tuto?						
Définition du tuto						
Utiliser un tuto						
Qualités nécessaires						
Créer un tuto						

3 a **Vous devez décider si cette affirmation est vraie ou fausse. Pour mieux la comprendre, surlignez d'abord les mots importants.**

Presque tous les utilisateurs de tutos ont plus de 25 ans.

b **Retrouvez dans l'article, p. 68, la phrase qui correspond à a et soulignez-la.**

c **Maintenant, comparez les deux phrases et décidez si la phrase de a est «vraie» ou «fausse». Notez ce qui vous a aidé.**

Phrase de **a**: Presque tous les utilisateurs de tutos ont plus de 25 ans.

Phrase de l'article, l. _____ : ____

Aide: ____

____

4 **Entraînez-vous à la version. Traduisez ces phrases en allemand.**

1. a) Les ados sont les plus grands consommateurs de tutos et en inventent aussi pas mal.
   b) Les ados consomment plus de tutos que les adultes qui en inventent quand même pas mal.
2. a) Il n'arrive pas à installer ce programme sur son vieil ordinateur.
   b) Il vient d'arriver avec son nouvel ordinateur.
3. a) Un tuto, c'est comme un cours qui ne dure que deux minutes!
   b) Mon tuto, c'est mon cours qui ne commence que dans deux minutes!

Solutions, p. 18 du Cahier de solutions

Les tutos à la mode chez les ados

© Fotolia / Sergey Mostovoy

Vous vous demandez comment vous allez vous maquiller pour votre prochaine soirée ou comment construire de nouvelles étagères sous votre fenêtre? Vous voulez apprendre à jouer un nouvel accord de guitare? Vous n'arrivez pas à installer un nouveau programme sur votre vieil ordinateur? Eh bien, c'est simple: regardez sur Internet, il existe sûrement un tuto qui va vous aider.

Vous ne savez pas ce qu'est un tuto? C'est l'abréviation du mot tutoriel qui désigne une petite vidéo dans laquelle un ou une spécialiste explique comment on fait quelque chose.

On compte actuellement 180 millions de vues de tutos par mois en France et la moitié des utilisateurs de tutos sur YouTube ont entre 12 et 25 ans. Nicolas, 16 ans, trouve que ça n'a que des avantages: «D'abord, ça ne coûte rien car les internautes font ça pour leur plaisir. En plus, on y trouve de l'aide à presque tous les problèmes pratiques. J'ai commencé avec des tutos de bricolage parce que je voulais transformer ma chambre. Et puis, quand j'ai dû faire mon exposé en musique, je suis allé voir s'il n'y avait pas des tutos qui expliquent la composition musicale. Je suis tombé sur PV Nova qui fait des super tutos de musique. J'y ai trouvé plein d'idées et j'ai eu 20!».

Si les ados sont les plus grands consommateurs de tutos, ils en produisent aussi pas mal eux-mêmes. Quentin et Luc sont fans de VTT. Sur Internet, ils expliquent comment réussir une figure comme le wheeling par exemple. Luc commente: «C'est drôle, on joue un peu aux profs. On essaie de bien comprendre pour bien expliquer. C'est comme un cours mais un cours qui ne dure que deux minutes! Nos profs devraient s'en inspirer!»

Enjoy Phoenix, 19 ans, est devenue célèbre avec un site qui propose des tutos de coiffures. Elle a commencé il y a deux ans et a déjà plus d'un million de fans. Quand elle met une nouvelle vidéo en ligne, 300 000 personnes la regardent. Cette popularité a aussi des avantages financiers. Enjoy reçoit un euro pour mille vues de YouTube et des entreprises de cosmétiques la payent pour montrer leurs produits dans ses vidéos. Car si les tutos ne coûtent rien, ils sont souvent accompagnés de publicité.

Bien sûr, il ne suffit pas de se filmer pendant qu'on fait un gâteau au yaourt pour devenir une star du net. Il faut maîtriser beaucoup d'éléments pour faire un bon tuto: être pédagogue, avoir des connaissances précises dans le domaine qu'on présente et du talent pour une bonne utilisation la caméra. Qui sait, il y aura peut-être bientôt des tutos pour réussir son tuto!

5 **Lisez l'article et répondez aux questions en cochant (x) la bonne réponse et en écrivant les informations demandées.**

1. Cet article explique comment les ados peuvent — 1 POINT
   - ☐ devenir célèbres sans Internet.
   - ☐ apprendre et expliquer des choses sur Internet.
   - ☐ trouver des copains sur Internet.

2. Le tuto, c'est — 1 POINT
   - ☐ un mini-film qui donne des conseils pour réussir quelque chose.
   - ☐ un clip qu'on met sur YouTube quand on veut devenir chanteur ou humoriste.
   - ☐ une interview avec un spécialiste dans un domaine précis.

3. Presque tous les utilisateurs de tutos ont plus de 25 ans. — 1,5 POINT

   Vrai: ☐ *Faux:* ☐

   Justification: ______________________________

4. Pourquoi est-ce que Nicolas adore les tutos? *(2 réponses différentes)* — 2 POINTS

   a) ______________________________

   b) ______________________________

5. Pourquoi est-ce que Nicolas a eu besoin de tutos? *(2 réponses différentes)* 2 POINTS

a) ______

b) ______

6. Beaucoup de jeunes regardent les tutos mais ce ne sont que des adultes qui les réalisent. 1,5 POINT

Vrai: ☐ *Faux:* ☐

Justification: ______

______

7. Quentin et Luc 1 POINT
- ☐ sont profs de VTT dans un club.
- ☐ ont appris à faire un wheeling grâce aux tutos.
- ☐ proposent des tutos de VTT.

8. Quelle est la différence principale entre un tuto et un cours au collège? 1 POINT
- ☐ Un cours au collège est plus théorique qu'un tuto.
- ☐ Un cours au collège est plus long qu'un tuto.
- ☐ Un cours au collège est mieux expliqué qu'un tuto.

9. Selon Quentin et Luc, les profs pourraient mieux enseigner s'ils regardaient des tutos. 1,5 POINT

Vrai: ☐ *Faux:* ☐

Justification: ______

10. Qu'est-ce qui a changé dans la vie d'Enjoy Phoenix depuis qu'elle fait des tutos? 1 POINT
- ☐ Elle ne peut plus sortir sans rencontrer des fans.
- ☐ Elle gagne de l'argent avec ses mini-vidéos.
- ☐ Elle a participé à une pub à la télé pour des produits de maquillage.

11. Pour réussir un tuto, il suffit de savoir bien expliquer. 1,5 POINT

Vrai: ☐ *Faux:* ☐

Justification: ______

______

Lire pour s'informer 3

S'entraîner à l'examen

1 **Voici les idées principales de l'article, p. 70. Notez pour chaque idée le bon paragraphe[1].**

a) Les ados ne lisent plus volontiers pendant leurs loisirs parce qu'ils travaillent beaucoup pour le collège et qu'ils préfèrent les nouveaux médias. → *paragraphe* ___

b) La lecture fait toujours partie des loisirs des jeunes, même si ces derniers lisent aujourd'hui d'une manière différente. → *paragraphe* ___

c) Certains jeunes utilisent Internet pour parler de leurs coups de cœur[2] littéraires. → *paragraphe* ___

d) Pendant leur enfance, les jeunes Français, encouragés par leurs parents, lisent beaucoup. → *paragraphe* ___

1 le paragraphe Abschnitt **2 le coup de cœur** Lieblings-

Solutions, p. 19 du Cahier de solutions

2 **a** Pour vous préparer à l'examen blanc, lisez d'abord la question 5, p. 71.

b Trouvez dans l'article le paragraphe ou les lignes qui vous aident à y répondre. Surlignez les informations qui répondent à la question 5, p. 71.

c Qu'est-ce que vous devez éliminer/ajouter pour formuler une réponse correcte? Écrivez votre réponse.

3 Entraînez-vous à la version. Traduisez ces phrases en allemand.

1. a) Quand je lis un roman, je m'entraîne à l'orthographe et je fais des progrès en français.
   b) Quand j'ai lu ce roman l'été dernier, je me suis entraîné à l'orthographe et j'ai fait des progrès en français.
2. a) C'est pourquoi cela devient de plus en plus difficile de lire une histoire en entier.
   b) Pourquoi est-ce que cela devient plus difficile de lire une histoire en entier?
3. a) Depuis que je suis en quatrième, j'ai beaucoup de devoirs.
   b) Depuis que je suis en quatrième, j'ai beaucoup plus de devoirs qu'avant.
4. a) Autrefois, on disait aux jeunes de toujours commencer un livre par la première page.
   b) Autrefois, on disait que les jeunes commençaient toujours un livre par la première page.

Examen blanc

15 POINTS

Le plaisir de lire en danger?

© Fotolia / olly

Le marché de la littérature de jeunesse en France est un marché qui fonctionne bien. Il y a chaque année sur le marché plus de nouveaux livres pour le jeune public que l'année précédente. Les parents achètent volontiers à leurs enfants un livre parce que lire est, pour la plupart des adultes, une activité pédagogique. Quand on lit on apprend l'orthographe, on fait des progrès en expression, on apprend des choses nouvelles. «Je suis toujours d'accord pour acheter un livre», raconte Christine, mère de deux enfants. «Je suis contente que mes enfants aient envie de lire». Les jeunes Français lisent donc beaucoup jusqu'à la fin de l'école primaire: 33,5 % des enfants de moins de 11 ans lisent tous les jours pour leur plaisir. Mais à 13 ans, ce ne sont plus que 18% des enfants qui lisent chaque jour, 14 % à 15 ans et 9 % à 17 ans.

À l'âge où les jeunes s'éloignent de leurs parents, ils s'éloignent donc aussi souvent de la lecture. En effet, les jeunes qui sont de plus en plus obligés de lire pour l'école n'ont pas forcément envie de lire encore pour leur plaisir. Pour Thomas, 16 ans, la lecture, c'est bien, mais les copains, c'est encore mieux: «Depuis que je suis en quatrième, j'ai beaucoup de devoirs! Alors, pendant mon temps libre, je préfère sortir ou chatter avec mes copains plutôt que prendre un livre. Pourtant, j'adore lire, mais pas les romans. Je lis des bédés, surtout des mangas. J'en ai des tas à la maison, mes copains aussi. C'est super, comme ça on se les prête.»

Emma, 15 ans, voit les choses autrement. Pour elle, lire permet aussi d'échanger beaucoup de choses avec d'autres jeunes qui sont des lecteurs comme elle! «J'adore lire, mais c'est vrai que dans ma classe, je ne suis pas toujours bien intégrée. Les autres me traitent d'intello parce que j'ai toujours un livre avec moi, c'est nul. Heureusement, il y a mon blog. Là, je peux donner mes idées sur les romans que je lis. Et c'est toujours intéressant de découvrir les commentaires des autres internautes. Grâce à Internet, j'ai trouvé des gens qui partagent ma passion.»

Pour la sociologue Sylvie Octobre, les jeunes ne lisent pas moins quantitativement. C'est leur manière de lire qui a changé: «Autrefois, on disait aux jeunes de commencer un livre par le début et de finir par la fin. Ce n'est plus le cas. Les jeunes ont grandi avec le Web et ils ont de nouvelles habitudes de lecture. En effet, sur Internet, on clique et on peut décider à tout moment de ce qu'on veut lire et de ce qu'on veut laisser de côté. C'est pourquoi, pour les jeunes, cela devient de plus en plus difficile de lire une histoire en entier.»

Solutions, p. 19 du Cahier de solutions

4 **Lisez le texte p. 70 et répondez aux questions en cochant (x) la bonne réponse et en écrivant les informations demandées.**

1. Le texte parle surtout — 1 POINT
   - ☐ des dangers de la lecture.
   - ☐ des meilleurs livres pour la jeunesse.
   - ☐ des habitudes de lecture chez les ados.

2. En France, on publie de moins en moins de livres pour les jeunes. — 1,5 POINT

   Vrai: ☐ *Faux:* ☐ *Justification:* ______________________________

3. À quelle époque de leur vie est-ce que les jeunes lisent le plus? — 2 POINTS

   ____

4. D'après l'article, les collégiens — 1 POINT
   - ☐ n'ouvrent plus de livre.
   - ☐ n'aiment plus la lecture.
   - ☐ découvrent le plaisir de lire.

5. Pourquoi est-ce que les collégiens perdent le goût de la lecture? — 2 POINTS

   ____

   ____

6. Pendant son temps libre, Thomas préfère les rencontres avec ses amis à la lecture. — 1,5 POINT

   Vrai: ☐ *Faux:* ☐ *Justification:* ______________________________

7. Emma — 1 POINT
   - ☐ n'aime pas les livres qu'on lit en classe.
   - ☐ ne se sent pas toujours bien en classe.
   - ☐ ne se sent pas toujours bien sur son blog.

8. Les jeunes de sa classe adorent Emma parce qu'elle lit beaucoup. — 1,5 POINT

   Vrai: ☐ *Faux:* ☐ *Justification:* ______________________________

9. Emma utilise Internet pour échanger avec d'autres lecteurs son avis sur des livres qu'elle a lus. — 1,5 POINT

   Vrai: ☐ *Faux:* ☐ *Justification:* ______________________________

10. D'après Sylvie Octobre, les jeunes — 1 POINT
    - ☐ adorent toujours lire.
    - ☐ lisent moins qu'autrefois.
    - ☐ lisent différemment.

11. À cause d'Internet, les ados — 1 POINT
    - ☐ ne savent plus lire mais juste cliquer.
    - ☐ ne finissent pas toujours les livres qu'ils lisent.
    - ☐ connaissent déjà la fin des livres.

Solutions, p. 20 du Cahier de solutions

Production écrite

PRÉPARATION AU DELF B1

Écrire dans un forum I

In der DELF-Prüfung wirst du gesiezt *(Sie = vous)*.

S'entraîner à l'examen blanc

1 **Pour commencer et finir un texte dans un forum, il vous faut certaines phrases. Reliez chaque phrase à la catégorie qui lui correspond.** ▶ Méthodes, p. 124/I

Commencer un message **1**

Finir un message **2**

a Je viens de découvrir ton problème.
b À plus!
c Salut, je m'appelle Valentin et j'ai 16 ans.
d J'espère que j'ai pu t'aider.
e J'ai lu ton message et je voudrais y répondre.
f Bon courage!
g En conclusion, on peut dire que les parents n'ont pas toujours tort!

2 a **Pour répondre dans un forum, vous devez écrire un texte argumenté. Retrouvez l'ordre logique de l'argumentation. Notez les mots dans la colonne de gauche.** ▶ Méthodes, p. 124/I.

donner des conseils | dire mon opinion | réagir | parler de mon expérience personnelle

1.	______	______
2.	______	______
3.	______	______
4.	______	______

b **Lisez les phrases et notez-les dans la bonne catégorie du tableau de a.** ▶ Méthodes, p. 124/I

a Mes parents aussi voulaient tout contrôler.

b Tu devrais montrer à tes parents que tu n'as pas besoin d'alcool pour t'amuser.

c Je te comprends.

d Est-ce que tu as déjà essayé de discuter avec tes parents?

e C'était vraiment nul!

f Moi aussi, j'ai eu ce problème.

g Maintenant, je parle plus souvent à mes parents.

h Il ne faut pas commencer à réviser au dernier moment.

i À mon avis, les parents veulent avoir plus confiance en nous.

Solutions, p. 21 du Cahier de solutions

3 **Pour faire des phrases complexes, vous pouvez utiliser** *ce qui* **et** *ce que / ce qu'*. **Complétez le texte.**

> ... ***ce qui*** + (Objektpronom) + Verb
> ... ***ce que*** + Subjekt + Verb

_______________ m'énerve chez mes parents, c'est qu'ils ne me comprennent pas. Je dois toujours faire _______________ ils veulent. Pour eux, l'école, c'est _______________ est important et le reste ne compte pas. Ils veulent toujours savoir _______________ je fais avec mes potes. _______________ je déteste le plus, c'est quand ma mère dit qu'elle sait _______________ est bon pour moi! Tu trouves ça normal, toi?

© Fotolia / xavier gallego morel

4 **Dans chacune des phrases suivantes, il y a des fautes. Trouvez et notez-les dans le tableau. Puis, corrigez-les. Vous pouvez utiliser le** *Fehlerfahnder*. ▸ **www.cornelsen.de/webcodes** ATOI-4-125

1. Si tu parles calme, ils te comprendront.
2. Tu leur pourrais aussi parler de tes sentiments.
3. Quand je suis en troisième, j'ai eu le même problème comme toi.
4. Pourquoi est-ce que tu as ne pas expliqué la situation à tes parents?
5. Je ne peux pas toujours faire qu'est-ce que mes parents veulent!

Fehlerkategorie	Fehler im Satz	Berichtigung
Hast du die richtige Zeit verwendet: Vergangenheit, Gegenwart, Zukunft?		
Hast du Adjektive und Adverbien richtig verwendet?		
Hast du das richtige Relativpronomen gewählt?		
Stehen die Verneinungswörter an der richtigen Stelle?		
Steht das Objektpronomen an der richtigen Stelle?		
Hast du die richtige Konjunktion verwendet?		

5 **Vous surfez sur Internet et vous trouvez ce commentaire sur un forum dans lequel les jeunes parlent de leurs problèmes.**

> **Au secours!**
> Je m'appelle Matéo, j'ai presque 16 ans et suis en troisième. Mes parents ne me laissent pas sortir comme je veux! Ils ont peur parce que j'ai le brevet à la fin de l'année. En plus, ils pensent que les jeunes boivent trop! Qu'est-ce que je peux leur dire? Est-ce que vous avez le même problème?

Vous répondez à Matéo. Vous lui parlez de votre *expérience personnelle* **et lui donnez** *des conseils pour convaincre ses parents*. **Vous essayez aussi de le** *motiver pour l'école*. **Écrivez un texte construit[1] et cohérent[2] (160 à 180 mots).**

Travaillez avec la liste, p. 97.

1 construit/e strukturiert **2 cohérent** zusammenhängend

Écrire dans un forum 2

S'entraîner à l'examen blanc

1 **Pour écrire un texte dans un forum, vous devez pouvoir donner votre opinion et des conseils. Complétez le tableau avec les expressions.** ▶ Livre, p. 124/I

a je pense que **b** à ta place **c** je ne pense pas que **d** à mon avis
e tu pourrais **f** je ne comprends pas pourquoi **g** je te conseille **h** pour moi
i c'est vrai que **j** d'un côté ... mais de l'autre **k** tu devrais

donner son opinion	
donner des conseils	

2 **Pour rendre votre argumentation plus logique, vous devez utiliser des mots de transition (Bindewörter). Complétez le texte.**

même si en conclusion en effet après
en plus d'abord c'est pourquoi comme ça

> Ce n'est pas facile de choisir une formation pour plus tard. ________________, tu es jeune et tu n'as pas encore beaucoup d'expérience. ________________, les métiers qui sont à la mode aujourd'hui ne le seront peut-être plus demain. ________________ tu devrais prendre ton temps pour réfléchir encore un peu! ________________ cela ne plaît pas à tes parents, c'est important! ________________, voilà mes conseils: ________________, renseigne-toi. ________________, fais des stages! ________________, tu trouveras sûrement quelque chose qui te plaît. Bonne chance!

Solutions, p. 22 du Cahier de solutions

3 a Quand utilisez-vous le conditionnel présent? Surlignez. ▶ **Repères, p. 22/1**

Hypothese Zweifel Vergleich Wunsch Ablehnung Meinung
Ratschlag Zustimmung Vorschlag

b Complétez les phrases avec les verbes au conditionnel présent. Puis, trouvez pour chaque phrase la catégorie de a qui lui correspond. ▶ **Repères, p. 22/1**

1. À ta place, je ________________ *(sprechen)* à mes parents et je leur ________________ *(erklären)* mon problème. → ____________
2. Pourquoi est-ce que tu ne ________________ *(machen)* pas un stage dans une boulangerie? → ____________
3. On ________________ *(wollen)* avoir plus de choix! → ____________
4. Sans formation, j'________________ *(haben)* sûrement plus de difficultés pour gagner ma vie plus tard. → ____________
5. Est-ce que tu t'________________ *(sich engagieren)* pour l'environnement? → ____________

c Traduisez les phrases de b.

4 Il y a des fautes dans la lettre de Sonia. Notez-les dans le tableau et corrigez-les. Vous pouvez utiliser le *Fehlerfahnder*.
▶ **www.cornelsen.de/webcodes** ATOI-4-125

1. Je sais que je doit travailler à l'école pour avoir des notes bons.
2. C'est dur et c'est pourquoi je voudrais partir après le examen.
3. Il faut que je prends ma temps.
4. Malheureusement, ma mère ne veut pas que je vais à l'étranger.

© Fotolia / ra2 studio

Fehlerkategorie	Fehler im Satz	Berichtigung
Passen die Begleiter zu den Nomen?		
Hast du den *Subjonctif* verwendet, wenn nötig?		
Hast du an die Apostrophe gedacht?		
Passen Subjekt und Verbformen zusammen?		
Passen die Adjektive zu den Nomen? Müssen sie vor oder nach dem Nomen stehen?		

Solutions, p. 22–23 du Cahier de solutions

5 Vous surfez sur Internet et vous trouvez ce commentaire sur un forum dans lequel les jeunes parlent de leur avenir.

© Fotolia / bonninturina

Salut tout le monde!
Je m'appelle Leila et j'ai 15 ans. Je n'ai pas le moral! Je ne sais pas quoi faire plus tard.
J'ai déjà fait un stage dans une pâtisserie et un autre dans une maternelle. Ça ne m'a pas plu! Qu'est-ce que je peux faire pour y voir plus clair? Aidez-moi si vous avez des idées!

Vous répondez à Leila. Vous lui parlez d'*un stage que vous avez fait* **et vous lui donnez** *des conseils.* **Écrivez aussi** *ce que vous allez encore faire* **pour avoir plus d'idées pour votre avenir professionnel. Écrivez un texte construit et cohérent (160 à 180 mots).**

Écrire un article

S'entraîner à l'examen blanc

1 a Vous voulez écrire un article sur une expérience que vous avez faite pour le journal du collège. Pour commencer votre article, il vous faut une introduction. Faites au moins trois phrases.

	présenter	une association	où	je	s'engager	depuis longtemps.
Je voudrais	parler de	un projet	qui	ma classe	exister	dans mon quartier.
Mon article	expliquer	les actions	que	___	créer	les gens qui ___.
___	décrire	mon engagement	pour		aider	___.
	___	___	___		l'environnement.	
					___	

b À la fin de votre article, vous voulez inviter le lecteur à s'informer davantage[1]. Faites au moins trois phrases.

1 **davantage** mehr

Vous	vouloir	découvrir	d'autres projets	
Les lecteurs qui	avoir envie de	plus d'informations?	pour cette association	___.
Est-ce que mon article	permettre à	s'engager	de réfléchir	___?
	___	les jeunes	___	

Solutions, p. 23 du Cahier de solutions

2 a **Votre article parle de votre engagement dans une association. Vous écrivez un texte structuré où vous donnez des informations importantes (Hauptgedanken) et des détails (Nebengedanken). Retrouvez pour chaque phrase la catégorie qui lui correspond. Notez les phrases dans le tableau.**

Hauptgedanken

a) J'ai aidé la mère de ma corres.
b) Je suis content/e d'avoir fait cette expérience.
c) Maintenant, je réfléchis à ce que je veux faire plus tard.
d) Il s'agit d'une épicerie solidaire.

Nebengedanken

e) Je veux faire un métier utile plus tard.
f) Tout le monde était gentil avec moi.
g) Je travaillerai plus tard dans le domaine social.
h) La nourriture et les boissons y sont moins chères.
i) J'aimerai m'engager au service des autres.
j) Ça a été un peu comme un stage pour moi.
k) La plupart des personnes qui y travaillent sont bénévoles.
l) J'ai aidé à préparer des repas.
m) J'ai bien aimé l'ambiance du magasin.
n) On y offre des repas simples et des sandwichs aux gens.
o) J'ai rangé des produits sur les étagères.

Abschnitte	Hauptgedanken	Nebengedanken
1. Vous présentez l'association.		
2. Vous parlez de vos expériences.		
3. Vous parlez de vos émotions et sentiments.		
4. Vous parlez de l'avenir.		

Solutions, p. 23 du Cahier de solutions

b **Imaginez et notez deux autres phrases pour chaque catégorie.** ▶ Les mots pour le dire, p. 205–206

____

____

____

____

____

____

3

a **Pour raconter un événement ou les expériences que vous avez faites, vous devez utiliser des expressions de temps (Zeitangaben). Reliez chaque expression à sa traduction.**

während der Ferien	1	a	avant
jeden Tag	2	b	le premier jour
vor	3	c	souvent
am ersten Tag	4	d	un jour
oft	5	e	pendant les vacances
eines Tages	6	f	tous les jours

© Fotolia / DURIS Guillaume

b **Maintenant, complétez le texte.**

Cette année, ______________________, j'______________ *(aider)* la mère de ma corres dans l'épicerie solidaire de notre quartier. ______________ mon séjour chez eux, ma corres m'______________ beaucoup ______________ *(parler)* de cette association. ______________________ ______________, j'______________ *(être)* heureuse de découvrir enfin ce magasin. Cette expérience ______________ *(durer)* un mois. ______________________, je/j' ______________________ *(trier)* les fruits et légumes. Je suis une vraie spécialiste, maintenant! ______________________, j'______________________ *(aider)* aussi à servir les repas. ______________________, une jeune femme nous ______________________ *(raconter)* son histoire qui ______________ *(être)* vraiment triste.

c **Maintenant, complétez le texte de b avec les verbes conjugués à l'imparfait ou au passé composé.**

imparfait		*passé composé*
→ Du kommentierst ein Ereignis → Du beschreibst die Umstände → Du beschreibst eine Person → Du erzählst von früher	in der Vergangenheit.	→ Du schilderst eine Aktion in der Vergangenheit. → Du berichtest von einer Kette von Ereignissen in der Vergangenheit.

4

Il y a des fautes dans les phrases suivantes. Notez-les dans le tableau et corrigez-les. Vous pouvez utiliser le *Fehlerfahnder*. ▶ www.cornelsen.de/webcodes ATOI-4-125

1. On trouve des épiceries solidairement dans les villes grands. Les gens qui travaillent sont des bénévoles.
2. Les gens qui venent là sont pauvres. Dans l'épicerie, on accepte les et on parle ils.
3. J'ai travaillé avec la mère de ma corres dans une épicerie solidaire. Tous les jours, j'aidais elle à préparer des sandwichs.

Solutions, p. 24 du Cahier de solutions

4. – Est-ce qu'il y a beaucoup de gens pauvres?
   – Oui, il y a de plus en plus.

5. Il y a beaucoup de gens pauvres. Pour ils, l'épicerie solidaire est importante.

6. C'est certain dur parfois.

Fehlerkategorie	Fehler im Satz	Berichtigung
Hast du das richtige Objektpronomen verwendet? Steht es an der richtigen Stelle?		
Hast du das richtige betonte Pronomen nach einer Präposition verwendet?		
Hast du die Pronomen *y* und *en* richtig verwendet?		
Hast du Adjektive und Adverbien richtig verwendet?		
Hast du bei Adjektiven Endungen und Stellung überprüft?		
Hast du die Verben richtig konjugiert?		

Examen blanc

25 POINTS

5 **Vous passez trois mois en France. La mère de votre corres travaille comme bénévole dans une épicerie solidaire où les gens qui n'ont pas beaucoup d'argent peuvent faire leurs courses. Vous l'aidez souvent dans ce magasin. Le journal du collège publie régulièrement des articles sur des associations. C'est à vous d'écrire l'article pour le prochain numéro.**
Écrivez un article construit et cohérent (160 à 180 mots). *Présentez l'association*, **parlez des** *expériences que vous avez faites* **et de vos** *impressions*. **Dites aussi** *si cette expérience aura une influence*[1] *sur vos projets futurs*.

© Fotolia/M. Chanet

1 une influence Einfluss

Solutions, p. 24–25 du Cahier de solutions

Écrire une lettre

S'entraîner à l'examen blanc

1 **Pour que votre lettre soit convaincante, il faut qu'elle soit structurée. Notez les phrases dans la catégorie qui correspond.** ▶ Méthodes, p. 122–123

a Le résultat, c'est qu'ils sont souvent en retard pour les cours de l'après-midi.
b Ouverture d'une cafétéria dans le hall du collège
c Respectueuses salutations, les délégués
d Ayez confiance en nous, s'il vous plaît, et soutenez notre projet.
e Nous, les délégués du collège, pensons que la création d'une cafétéria au collège est importante.
f Corte, le 24 mars 2016
g Les délégués du collège Jules Ferry
h Monsieur le Directeur
i L'ouverture d'une cafétéria dans le hall du collège offrirait une solution à ce problème.
j En effet, faire la queue à la cantine à midi est stressant.
k Nous pouvons dès maintenant vous présenter notre plan d'aménagement[1] du hall.
l C'est pourquoi les élèves préfèrent aller en ville pour s'acheter un sandwich.

1 **le plan d'aménagement** Einrichtungsplan

Absender ______________________

Empfänger ______________________

Datum und Ort Corte, le 24 mars 2016

Betreff ______________________

Einleitung ______________________

____

Anliegen / Beschreibung des Problems ______________________

____

____

____

____

____

____

____

____

Vorschlag/Bitte ______________________

____

Schlussformel und Unterschrift ______________________

Solutions, p. 25 du Cahier de solutions

2 **Pour rendre votre lettre plus vivante, utilisez des adjectifs et des adverbes. Complétez les phrases avec l'adjectif ou l'adverbe qui convient. Pensez à l'accord de l'adjectif.**

responsable directement libre rapidement important normalement
tranquillement motivé activement fier

1. Que faisaient les élèves quand ils avaient du temps ________________ à midi?
2. ________________, ils allaient en ville pour s'acheter à manger.
3. Quand nous aurons une cafétéria, les élèves pourront y aller ________________, acheter ________________ un sandwich et le manger ________________.
4. Les élèves qui y travailleront seront très ________________ parce que cette cafétéria est ________________ pour eux.
5. Les élèves qui en seront ________________ seront très ________________ de pouvoir participer ________________ à la vie du collège.

3 **Il y a des fautes dans les phrases suivantes. Notez-les dans le tableau et corrigez-les. Vous pouvez utiliser le** *Fehlerfahnder*.
▶ **www.cornelsen.de/webcodes** ATOI-4-125

1. Dans une cafétéria, l'ambiance est plus agréable comme à la cantine.
2. Il y a moins en moins élèves qui aiment faire la queue à midi.
3. Nous voulons à la maison des gâteaux préparer.
4. Maintenant, on se connaît plus bien.
5. Les élèves pourraient sacheter un sandwich en ville.
6. Nous rentrons d'une réunion de delegues.
7. À ta place, je êtrais pour ce projet et j'avrais envie d'y participer.

Fehlerkategorie	Fehler im Satz	Berichtigung
Hast du den Komparativ richtig verwendet? Stimmt die Steigerungsformel?		
Stimmt die Anordnung der Wörter im Satz?		
Hast du an die Apostrophe und die *accents* gedacht?		
Stimmen die unregelmäßigen Konditionalformen von *avoir* und *être*?		

▶

Solutions, p. 25–26 du Cahier de solutions

4 Vous passez une année scolaire en France. Depuis quelques temps, vous vous engagez pour la création d'une cafétéria dans votre collège. Vous écrivez une lettre au directeur au nom de tous les élèves. Vous expliquez *pourquoi vous avez besoin d'une cafétéria* et *comment vous vous organiserez*. **Écrivez un texte construit et cohérent (160 à 180 mots).**

Solutions, p. 26 du Cahier de solutions

PRÉPARATION AU DELF B1

Entretien dirigé

In der DELF-Prüfung wirst du gesiezt *(Sie = vous)*.

S'entraîner à l'examen

48

1 a Le but de l'entretien dirigé, c'est de vous présenter. Écoutez le dialogue et notez les expressions que vous entendez.

Wie wird …

1. nach deinen Lieblingsfächern gefragt?

2. nach den Freizeitaktivitäten gefragt?

3. nach den beruflichen Zukunftsplänen gefragt?

4. nach den letzten Ferien gefragt?

So wird gesagt, …

1. wo sich der Wohnort befindet:

2. dass man sich mit seinen Geschwistern gut versteht:

3. dass man sein Zimmer mit seiner Schwester teilt:

4. wie man seine Schule findet:

5. dass die meisten Freundinnen in die gleiche Schule gehen:

6. welches Gericht man zubereiten kann:

Solutions, p. 27 du Cahier de solutions

7. dass man eine Lehre machen will:

8. dass man Ende August an einem Austausch teilgenommen hat:

48 **b** **Écoutez encore une fois et notez cinq expressions que vous pouvez utiliser pour vous présenter.**
▶ Transcription dans le Cahier de solutions, p. 27

Examen blanc

49 **2** Maintenant, écoutez et présentez-vous. ▶ Les mots pour le dire, p. 204

Exercice en interaction

S'entraîner à l'examen

1 a **Votre corres aimerait passer le mois de juillet chez vous. Malheureusement, vous n'êtes pas libre parce que vous avez trouvé un job d'été. Votre corres est déçu/e[1]. Vous lui expliquez votre situation et vous cherchez une solution ensemble. Préparez d'abord le dialogue. Utilisez les mots et expressions, p. 97, et jouez-le.**

1 être déçu/e enttäuscht sein

Partenaire A (= le/la corres)	Partenaire B
1. Aujourd'hui, j'achète mon billet[1] pour venir cet été!	2. Trop cool! Et quand est-ce que tu arrives?
3. Je pourrais être chez toi à partir du 15 juillet. ***Was sagst du dazu?***	4. Le 15 juillet! Ah, il y a un problème ***weil*** je ne suis pas libre en juillet.
5. Tu n'es pas libre en juillet? Et pourquoi?	6. Ben, j'ai emprunté de l'argent à ma sœur pour m'acheter un nouveau portable. ***Deshalb*** je dois travailler pour la rembourser[2].
7. Ah, c'est nul! ***Einerseits***, je comprends ta situation ***aber andererseits***, je suis dégoûté/e! On voulait faire un tour en vélo ensemble.	8. ***Hör zu***, j'ai peut-être une solution. Mon petit boulot, c'est en juillet. ***Dagegen*** en août, j'aurai le temps. ***Also***, tu pourrais venir à ce moment-là.
9. ***Weißt du, dass*** ce n'est pas bête, ça? ***Übrigens***, ça me donne une idée.	10. ***Was meinst du?***
11. ***Vielleicht*** je vais aussi chercher un petit boulot en juillet. ***So***, j'aurai plus d'argent de poche pour les vacances.	12. Super idée!

1 un billet Fahrkarte **2 rembourser qn** *hier:* jdm Geld zurückzahlen

b **Maintenant, échangez les rôles et recommencez. Nouveau problème de B: vos parents veulent que vous partiez avec eux en vacances en juillet. Prenez le dialogue de a comme modèle.**

Solutions, p. 28 du Cahier de solutions

2 Pendant un séjour à Paris, vous visitez le musée d'Orsay. Vous sortez du musée et remarquez un peu plus tard que vous y avez oublié votre sac. Vous retournez au musée et expliquez votre problème à l'employé/e. Préparez le dialogue et jouez. Puis, échangez les rôles.

▸ Fiche d'expression orale, p. 114/B;
▸ Les mots pour le dire, p. 213/33

© imago

Partenaire A	Partenaire B
1. Sage höflich, dass du glaubst, dass du deine Tasche im Museum verloren hast. *(perdre)*	(**A:** Excusez-moi, Madame/Monsieur. Je crois que j'ai perdu mon sac dans le musée.)
(**B:** Bonjour. Quel jour / Quand est-ce que ça s'est passé?)	2. Begrüße **A** und frage, an welchem Tag es passiert ist. *(se passer)*
3. Sage, dass du heute Nachmittag das Museum besichtigt hast und vor einer halben Stunde gegangen bist. *(en sortir – il y a – une demi-heure)*	(**A:** J'ai visité le musée cet après-midi et j'en suis sorti/e il y a une demi-heure.)
(**B:** Est-ce que vous vous souvenez où vous avez laissé votre sac?)	4. Frage, ob **A** sich erinnert, wo er/sie seine/ihre Tasche liegen gelassen hat. *(se souvenir – laisser)*
5. Sage, dass du dir nicht sicher bist, ob du sie im dritten Stock vergessen hast. Sage, dass du dabei warst, ein Gemälde von Monet zu bewundern, als plötzlich dein Handy geklingelt hat. Sage, dass du also die Tasche hingestellt hast, um zu telefonieren und sie vielleicht in diesem Saal vergessen hast. *(être sûr/e – être en train de – admirer un tableau – poser – oublier)*	(**A:** Je n'en suis pas sûr/e mais je l'ai peut-être oublié au troisième étage. J'étais en train d'admirer un tableau de Monet quand tout à coup mon portable a sonné. Alors, j'ai posé mon sac pour téléphoner. Je l'ai peut-être oublié dans cette salle.)
(**B:** Ça peut arriver quand on ne fait pas attention.)	6. Sage, dass so etwas passieren kann, wenn man nicht aufpasst. *(arriver – faire attention)*
7. Frage, was du jetzt unternehmen sollst.	(**A:** Qu'est-ce que je fais, maintenant?)
(**B:** Je vais me renseigner. Il est comment, votre sac?)	8. Sage, dass du dich erkundigen wirst. Frage, wie die Tasche aussieht. *(se renseigner – comment)*
9. Sage, dass es eine kleine blaue Tasche mit einem Eiffelturm darauf ist.	(**A:** C'est un petit sac bleu avec une Tour Eiffel.)
(**B:** Et qu'est-ce qu'il y a dans votre sac?)	10. Frage, was in der Tasche ist. *(il y a)*
11. Sage, dass dein neues Handy, dein Personalausweis und ein bisschen Geld in der Tasche sind. *(carte d'identité)*	(**A:** Dans mon sac, il y a mon nouveau portable, ma carte d'identité et un peu d'argent.)
(**B:** Eh bien, on l'a trouvé. Le voilà. Et faites attention la prochaine fois!)	12. Sage, dass die Tasche gefunden wurde und zeige sie. Sage, dass **A** das nächste Mal aufpassen soll. *(trouver – la prochaine fois)*
13. Bedanke dich und verabschiede dich höflich.	(**A:** Merci Madame/Monsieur et au revoir.)

Solutions, p. 29 du Cahier de solutions

3 Vous faites un tour à vélo avec des amis en France. Comme la ville de Dijon vous plaît, vous voulez y rester un peu. Quand vous arrivez à l'auberge de jeunesse le soir, il n'y a malheureusement plus de chambre libre. Vous discutez avec la réceptionniste pour trouver une solution. Préparez le dialogue et jouez-le. Puis, échangez les rôles.

▶ Les mots pour le dire, p. 210/23 et 24, p. 211/25

Partenaire A	Partenaire B
1. Begrüße die Dame am Empfang und frage, ob ein Dreibettzimmer für zwei Nächte frei ist.	(A: Bonsoir, Madame, nous aimerions une chambre à trois lits pour deux nuits.)
(B: Bonsoir. Je suis désolée mais malheureusement, nous sommes complets.)	2. Begrüße **A** und sage, dass es dir leid tut, ihr aber leider ausgebucht seid.
3. Sage, dass das unmöglich ist. Sage, dass es spät ist und regnet. Frage, was ihr jetzt machen sollt.	(A: Oh, ça ne va pas du tout! Il est tard et il pleut. Qu'est-ce qu'on fait maintenant?)
(B: Il y a un petit hôtel à côté qui a peut-être encore de la place. Est-ce que vous voulez que je les appelle pour me renseigner?)	4. Sage, dass gleich nebenan ein kleines Hotel ist, das vielleicht noch Platz hat. Frage, ob **A** möchte, dass du dort anrufst, um dich zu erkundigen.
5. Sage, dass es sich nicht lohnt, weil die Zimmer sicherlich zu teuer für euch sind. Frage, ob es wirklich hier kein kleines Plätzchen für euch gibt.	(A: Ça ne vaut pas la peine parce que les chambres sont sûrement trop chères pour nous, Madame! Vous n'avez vraiment pas une petite place pour nous ici?)
(B: Ça dépend. Il y a encore deux lits dans une chambre à dix lits et un autre lit dans une autre chambre. Donc vous n'allez pas être ensemble.)	6. Sage, dass es darauf ankommt. Sage, dass es zwei Betten in einem 10er-Zimmer gibt und ein Bett in einem anderen Zimmer. Sage, dass sie also nicht zusammen sein werden.
7. Sage, dass das nichts macht und dass das Wichtigste ist, die Nacht in einem trockenen Ort zu verbringen.	(A: Ça ne fait rien. Le plus important, c'est de passer la nuit dans un endroit sec.)
(B: C'est pour une nuit seulement. Demain, je pourrai vous offrir trois lits dans une chambre.)	8. Sage, dass es nur für eine Nacht ist und dass du ihnen morgen drei Betten in einem Zimmer anbieten kannst.
9. Bedanke dich höflich und sage, dass das sehr nett sei.	(A: Merci, Madame. C'est très gentil.)
(B: Donnez-moi votre carte d'identité, s'il vous plaît et inscrivez-vous.)	10. Verlange den Personalausweis und bitte **A**, sich anzumelden.
11. Frage, wann es Frühstück gibt und bis wieviel Uhr man baden kann.	(A: Quand est-ce qu'on sert le petit-déjeuner et jusqu'à quelle heure est-ce qu'on peut se baigner?)
(B: On sert le petit-déjeuner jusqu'à 10 heures et la piscine est fermée après 21 heures.)	12. Sage, dass das Frühstück bis 10 Uhr serviert wird und dass das Schwimmbad nach 21 Uhr geschlossen ist.

Solutions, p. 29 du Cahier de solutions

4 Pendant l'examen oral, il faut réagir vite et avoir plein d'idées pour répondre aux questions. Ce n'est pas facile. Alors entraînez-vous: A joue le rôle de l'examinateur/l'examinatrice et pose une question. B réagit et y répond à l'aide des images. A peut l'aider si nécessaire. Puis échangez les rôles. ▶ p. 97

Situation 1

A

Vous êtes la mère / le père de la famille d'accueil. Vous vous faites du souci parce que le corres de votre enfant ne mange presque rien le soir.

«Tu sais, je me fais du souci parce que tu ne manges rien ou très peu le soir. Qu'est-ce qui ne va pas?»

Aide pour **B**: être végétarien/ne – viande – en plus – légumes – manger tard – c'est pourquoi – acheter – donc – ne plus avoir faim

B

La mère / Le père de votre corres ne comprend pas pourquoi vous mangez peu le soir. Vous lui expliquez ce qui ne va pas. Soyez poli/e.

Situation 2

B

Le/La corres de votre fils/fille utilise Internet tard le soir. Vous ne voulez pas qu'il/elle surfe après 21 heures. Vous lui demandez d'éteindre son ordinateur.

«Tu veux bien éteindre ton ordinateur, s'il te plaît. Chez nous, les enfants n'ont pas le droit de surfer après 21 heures.»

Aide pour **A**: chez moi – ne pas être pareil – faire ses devoirs – être bien organisé/e pour l'école – après surfer longtemps – et puis – avoir cours toute la journée – entraînement – ne pas avoir de temps libre – c'est pourquoi – chatter le soir

A

Vous êtes chez votre corres et vous n'avez pas le droit d'utiliser Internet après 21 heures. Vous dites pourquoi vous n'êtes pas d'accord avec cette règle. Soyez poli/e.

Situation 3

A

Vous êtes prof de français, en voyage de classe à Paris. Vous expliquez à vos élèves le programme de l'après-midi.

«Alors, écoutez-moi! Cet après-midi, on va visiter des monuments avec un guide. Je vous demande de rester ensemble.»

Aide pour **B**: ne pas comprendre – en plus – cher – c'est pourquoi – choisir nous-même – monuments qui nous intéressent – sans le groupe – plus libre – faire une pause

B

Vous êtes en voyage de classe à Paris. Votre prof a organisé une visite guidée pour toute la classe mais vous préférez visiter Paris en petits groupes avec vos copains. Expliquez-lui poliment pourquoi.

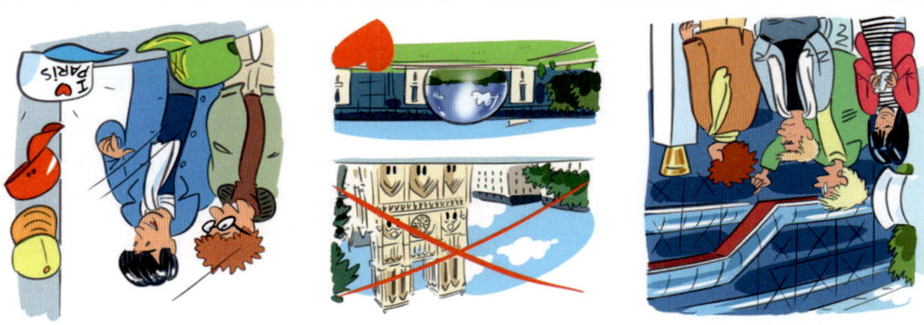

Solutions, p. 30 du Cahier de solutions

Situation 4

B

Vous attendez votre corres devant le cinéma depuis une demi-heure. Vous êtes furieux/-euse parce que le film a déjà commencé. Enfin, il/elle arrive. Vous lui demandez des explications.

«Pourquoi est-ce que tu es en retard? On a raté le début du film, c'est nul!»

Aide pour **A**: être désolé/e – jouer à la console – ne pas faire attention à l'heure – faire des courses – quitter la maison – rater le bus

A

Vous avez rendez-vous au cinéma avec votre corres et vous arrivez en retard. Votre corres n'est pas content/e. Vous lui expliquez ce qui s'est passé.

Situation 5

A

Vous faites un échange dans une famille française. Vous avez le mal du pays[1]. Vous en parlez à votre corres.

«Je ne sais pas ce qui se passe. Je me sens tout triste. Je crois que je veux rentrer chez moi.»

Aide pour **B**: appeler ses parents – chatter avec ses copains – aller à la piscine – faire du shopping – faire un tour en ville – la Fnac – inviter des potes – organiser une soirée-télé

B

Votre corres est en échange chez vous. Au bout de quelques jours, vous remarquez qu'il a le mal du pays[1]. Vous essayez de l'aider.

1 **avoir le mal du pays** Heimweh haben

Situation 6

B

Vous avez prêté votre tee-shirt préféré à votre corres. Quand il/elle vous le rend, vous voyez que le tee-shirt est très abîmé[2]. Vous vous énervez.

«Zut! Qu'est-ce qui est arrivé à mon tee-shirt? C'est l'horreur! Je ne vais plus pouvoir le mettre.»

Aide pour **A**: avoir faim – acheter un kebab – malheureusement – avoir trop de sauce – après – boire un jus d'orange – pousser le bras – pour finir – jouer au foot – comme pleuvoir hier – être encore trempé

A

Vous avez emprunté à votre corres son tee-shirt préféré. Quand vous le lui rendez, il est malheureusement très abîmé[2]. Vous vous excusez et vous racontez comment cela s'est passé.

2 **abîmé/e** beschädigt/verdreckt

Solutions, p. 30–31 du Cahier de solutions

5 Tirez au sort[1] un sujet parmi[2] les sujets proposés. Vous devez réagir tout de suite et **!** sans préparation à la situation décrite et parler pendant cinq minutes. ► Cartes au milieu du carnet;
► Les mots pour le dire, S. 204/1+3; S. 205/7; S. 207/11+12; S. 208/6

1 **tirer au sort** *hier:* ein Thema ziehen 2 **parmi** unter

Monologue suivi I

S'entraîner à l'examen

1 Trouvez dans l'article «Plan Vélo», p. 90, les mots français qui correspondent à ces mots anglais. Puis notez la ligne et la traduction allemande.

1. economy → l'________________ l.____ = die ________________
2. measure → la ________________ l.____ = die ________________
3. to imagine → ________________ l.____ = ________________
4. ambitious → ________________ l.____ = ________________

2 Qu'est-ce qui va ensemble? Reliez, puis traduisez.

se déplacer **1**	**a** à faire du vélo	1d sich mit dem Fahrrad fortbewegen
apprendre **2**	**b** du garage	____________
construire **3**	**c** le vélo dans le train	____________
respecter **4**	**d** à vélo	____________
emmener **5**	**e** les règles de sécurité	____________
sortir le vélo **6**	**f** des pistes cyclables	____________

3 a Pour dire où le texte a paru, lisez l'article, p. 90, et surlignez sa source. Puis complétez la phrase.

> Pour présenter un texte, vous devez suivre des étapes précises. Entraînez-vous à l'aide de la fiche, p. 118/15, dans votre livre.

L'article a paru dans ____________________________

b Pour présenter le sujet, lisez les trois phrases suivantes. Quelle phrase correspond au thème de l'article?

1. Un nouveau projet du gouvernement veut encourager les jeunes à faire plus de sport en ville.
2. Le gouvernement veut lancer un projet pour encourager les gens à se déplacer à vélo.
3. Le nouveau projet du gouvernement «Tout le monde à vélo» est une mesure pour protéger l'environnement.

c Pour résumer les idées principales, lisez l'article, p. 90. Puis corrigez les erreurs dans les phrases.

1. Faire du vélo n'apporte pas beaucoup d'avantages.

____

2. Le gouvernement veut organiser une semaine d'activités en dehors des écoles.

____ ►

3. Pendant la semaine du vélo, les élèves de cinquième feront surtout des tests théoriques.

____

4. Il y a assez de pistes cyclables.

____

5. Il sera plus difficile de transporter son vélo dans le TGV.

____

d **Pour donner votre opinion sur le texte, faites trois phrases.**

Cet article Le sujet Je C'est ___	m'intéresse ne m'intéresse pas trouve bien/ important/ difficile ___	parce que mais que quand de ___	il faut agir l'article donne de bonnes idées je déteste faire du vélo dire aux gens d'être actifs dire aux gens de s'engager il montre on essaye de trouver des solutions	pour protéger l'environnement. pour organiser une action. que le gouvernement veut réagir.

Examen blanc

Plan Vélo

© Fotolia / connel_design

De nombreuses études l'ont montré: les avantages du vélo sont nombreux. En effet, se déplacer à vélo est bon pour la santé. Ensuite, ça ne pollue pas non plus et si tout le monde achète un vélo, cela peut même être bon pour l'économie. Pour donner aux gens envie d'utiliser leur vélo plus souvent, le ministre des transports a imaginé un ambitieux Plan Vélo. Parmi les mesures les plus intéressantes, on peut retenir la création de la semaine du vélo dans les écoles et les collèges. Ainsi, plus de jeunes pourront apprendre à faire du vélo et à respecter les règles de sécurité. On veut aussi construire plus de pistes cyclables et donner la possibilité aux voyageurs qui prennent le train d'emmener plus facilement les vélos. Nous n'aurons bientôt plus d'excuse pour ne pas sortir notre vélo du garage!

Le journal de la Petite Reine, n° 991, 2015

4 **Présentez le texte à l'aide des points suivants.**
▶ Fiche, p. 118/15 dans votre livre

1. Je dis où le texte a paru.
2. Je présente le sujet.
3. Je résume les idées principales.
4. Je donne mon opinion sur le sujet du texte.

5 **a** **Préparez vos réponses aux questions de l'examinateur/l'examinatrice.**

1. À quel âge est-ce que vous avez appris à faire du vélo?

____

2. Aimez-vous faire du vélo? Dites-moi pourquoi.

____

3. Comment est-ce que vous allez au collège?

____

Solutions, p. 31–32 du Cahier de solutions

4. Est-ce que vous pourriez vivre sans voiture plus tard?

____

50 **b Maintenant, écoutez les questions de l'examinateur/l'examinatrice et répondez-y à l'aide de vos réponses de a, p. 90.** ▶ **Transcription dans le Cahier de solutions, p. 32**

51 **6 Écoutez le dialogue et comparez avec vos réponses de a. Si vous avez des problèmes, écoutez encore une fois et répétez les réponses pour vous entraîner.**

Monologue suivi 2

S'entraîner à l'examen

1 Lisez ces mots anglais que vous connaissez et trouvez dans l'article, p. 92, les mots français qui correspondent. Puis notez la ligne et la traduction allemande.

1. solution → la ________ l. ____ = die ________
2. in any case → ________ l. ____ = ________
3. occasion → ________ l. ____ = ________

2 a Qu'est-ce qui va ensemble? Reliez puis traduisez.

un cours	1	a	le skate-board	1c ________
apprendre	2	b	un service	________
faire	3	c	de langue	________
être fort/e	4	d	les courses	________
proposer	5	e	en maths	________

b Faites des paires de contraires.

chacun/e	1	a	est cher/chère
proposer un service	2	b	être nul/le
être fort/e	3	c	accepter de l'aide
ne coûte rien	4	d	personne

3 a Pour présenter le sujet, lisez ces trois phrases. Puis surlignez la phrase qui présente le mieux le sujet de l'article, p. 92.

Pour présenter un texte, vous devez suivre des étapes précises. Entraînez-vous à l'aide de la fiche, p. 118/15, dans votre livre.

1. Les services que les membres de l'organisation SEL échangent s'adressent surtout aux jeunes de moins de 20 ans.
2. Vous avez besoin d'aide? Allez voir au Service d'Échange Local. Ce n'est pas cher!
3. Vous êtes spécialiste en pâtisserie? Devenez membre du SEL, offrez vos services et recevez de l'aide en échange!

b Pour résumer les idées principales, retrouvez les phrases.

Les membres d'un SEL	1	a	ils reçoivent de l'aide.
Ça ne	2	b	membre.
SEL est	3	c	offrent un service.
En échange	4	d	coûte rien.
On peut devenir	5	e	un Service d'Échange Local.

c **Pour donner votre opinion sur le sujet du texte, faites au moins trois phrases.**

L'article Le sujet Je C'est Ça	m'intéresse ne m'intéresse pas est intéressant n'est pas intéressant bien/important montre/trouve	parce que mais que quand de/d'	c'est une bonne idée être solidaire. moi-aussi, je veux aider les autres. on veut apprendre à jouer du piano je n'aimerais pas faire partie d'une association tout le monde peut s'engager.	parce que c'est gratuit. mais qu'on n'a pas d'argent. parce que je n'ai pas assez de temps.

Examen blanc

Échange cours de maths contre lavage de voiture

© Fotolia/lassedesignen

Monsieur Léon, 78 ans, ne peut plus faire ses courses mais il est fort en maths. Julien, 15 ans, est fan de skate-board mais a de gros problèmes en maths. Madame Jiu a du temps pour faire les courses mais elle ne peut pas apprendre le skate-board à son fils. La solution? Madame Jiu aide Monsieur Léon qui aide Julien qui aide le fils de Madame Jiu. Chacun reçoit quelque chose mais ça ne leur coûte rien. Effectivement, il n'est jamais question d'argent entre eux car ils sont tous les trois membres d'un Système d'Échange Local (SEL). Le principe est simple: tous les membres du SEL proposent un service et reçoivent une aide. Cela peut être du babysitting, la réparation d'une machine ou un cours de langue. En tout cas, c'est aussi une bonne occasion pour faire de nouvelles connaissances.

Actu Jeunesse, n°371, août 2015

4 **Présentez le texte à l'aide de la fiche d'expression orale, p. 118/15 dans votre livre.**

5 a **Préparez vos réponses aux questions de l'examinateur/l'examinatrice.**

1. Quelle sorte de cours pourriez-vous donner aux autres?
2. Est-ce que vous aimeriez participer à cet échange de services? Dites pourquoi.
3. Quel est l'avantage d'un pareil échange?
4. Est-ce que vous avez déjà travaillé pour gagner de l'argent?

52 **b** **Maintenant, écoutez les questions de l'examinateur/l'examinatrice et répondez-y à l'aide de vos réponses de a.**

53 **6** **Écoutez le dialogue et comparez avec vos réponses de a. Si vous avez des problèmes, écoutez encore une fois et répétez les réponses pour vous entraîner.** ▶ Transcription dans le Cahier de solutions, p. 34

Solutions, p. 33–34 du Cahier de solutions

Monologue suivi 3

S'entraîner à l'examen

1 **Complétez les phrases avec les expressions qui manquent.**

il faut être journaliste	qu'on ne propose pas tous les jours
partout en France	qui existe depuis très longtemps

1. Quand on organise une fête sur tout le territoire français, on l'organise ______________________________ ______________________________.
2. Un plat traditionnel, c'est un plat ______________________________.
3. Souvent, ______________________________ pour animer une émission de télévision.
4. Un menu spécial, c'est un menu ______________________________.

2 a **Qu'est-ce qui va ensemble? Notez. Il y a plusieurs possibilités.**

1 (s')acheter 2 répondre 3 créer 4 utiliser 5 organiser

une fête des produits régionaux un hamburger des menus spéciaux à un problème une recette des produits de qualité un événement

____

____

____

____

____

b **Faites au moins trois phrases. Utilisez les verbes et les noms de a.**

____

____

____

3 a **Pour présenter le sujet, lisez d'abord l'article, p. 94, puis ces trois phrases. Puis surlignez la phrase qui présente le mieux le sujet.**

Pour présenter un texte, vous devez suivre des étapes précises. Entraînez-vous à l'aide de la fiche, p. 118/15, dans votre livre.

1. Avec la fête de la Gastronomie, la France célèbre la bonne cuisine.
2. Venez nombreux aux cours de cuisine que donneront des cuisiniers apprentis pendant la fête de la Gastronomie.
3. La fête de la Gastronomie, c'est une bonne occasion de faire la fête dans un fast-food.

b **Pour résumer les idées principales du texte, p. 94, complétez les phrases.**

pendant à cause pourquoi ça se passe

Les gens ne connaissent plus la bonne cuisine ____________________ des fast-food. C'est ____________________ les Français ont inventé la fête de la Gastronomie. ____________________ à la télé et dans les cantines des écoles. ____________________ la fête de la Gastronomie, des cuisiniers célèbres présentent leurs recettes.

Solutions, p. 34–35 du Cahier de solutions

c **Pour donner votre opinion sur le texte, complétez les phrases.**

Je trouve que ___ | Cet article m'intéresse ___ | Je pense qu'___ | À mon avis ___

1. ______________________________ parce que j'adore faire la cuisine.
2. ______________________________ c'est une bonne idée de proposer des menus spéciaux à l'école.
3. Mais ____________________, la fête de la Gastronomie ne va pas changer les habitudes des gens.
4. ______________________________ on doit utiliser plus de produits régionaux.

Examen blanc

La fête de la Gastronomie

À une époque où il est plus facile de s'acheter un hamburger dans un fast-food que de cuisiner un plat traditionnel, on a tendance à oublier ce que «bien manger» veut dire. C'est pour répondre à ce problème que l'on a inventé en France la fête de la Gastronomie. Pendant cet événement qui a lieu chaque année à la fin du mois de septembre sur tout le territoire français, les cuisiniers des plus grands restaurants proposent des recettes simples qui utilisent les produits régionaux de qualité. À la télévision, des personnalités célèbres animent des émissions où on redécouvre des fruits et légumes qui ne sont plus à la mode. Même dans les cantines des écoles, on offre aux enfants des menus spéciaux. Enfin, on organise partout en France de grands pique-niques. Le but: retrouver le plaisir de manger de bonnes choses entre amis!

Le matin de Lorraine, septembre 2015

4 **Présentez le texte à l'aide de la fiche d'expression orale, p. 118/15 dans votre livre.**

5 a **Préparez vos réponses aux questions de l'examinateur/l'examinatrice.**

1. Quel est votre repas préféré?
2. Qu'est-ce que vous mangez au petit-déjeuner / au déjeuner / le soir?
3. Qui prépare les repas / fait à manger chez vous?
4. Prendre un repas équilibré, qu'est-ce que ça veut dire pour vous?
5. Est-ce que vous pensez qu'un cours de cuisine à l'école serait utile?
6. Que pensez-vous de l'idée d'organiser un pique-nique au collège avec des produits régionaux?

54 **b** **Maintenant, écoutez les questions de l'examinateur/l'examinatrice et répondez-y à l'aide de vos réponses de a.**

55 **6** **Écoutez le dialogue et comparez avec vos réponses de a. Si vous avez des problèmes, écoutez encore une fois et répétez les réponses pour vous entraîner.** ▶ Transcription dans le Cahier de solutions, p. 36

Solutions, p. 35–36 du Cahier de solutions

Monologue suivi 4

S'entraîner à l'examen

1 **Trouvez dans l'article, p. 96, les mots français qui correspondent aux mots anglais. Puis notez la ligne et la traduction allemande.**

1. interesting → ____________ l. ____ = ____________
2. to treat → ____________ l. ____ = ____________
3. spectator → ____________ l. ____ = ____________
4. subject → ____________ l. ____ = ____________

2 **Retrouvez pour chaque mot et expression la bonne définition.**

être pour l'Europe   que tout le monde aime
général   qui est difficile à expliquer

1. Un sujet complexe, c'est un sujet ____________.
2. Être favorable à l'Europe, ça veut dire ____________.
3. Un programme qui correspond à tous les goûts, c'est un programme ____________ ____________.
4. Particulier, c'est le contraire de ____________.

3 **Qu'est-ce qui va ensemble? Reliez puis traduisez.**

aider **1**	**a** des études	____________
regarder **2**	**b** à se comprendre	____________
traiter **3**	**c** plusieurs langues	____________
faire **4**	**d** une chaîne de télé	____________
parler **5**	**e** un sujet	____________

4 a **Pour présenter le sujet de l'article, p. 96, surlignez la phrase qui convient le mieux.**

Pour présenter un texte, vous devez suivre des étapes précises. Entraînez-vous à l'aide de la fiche, p. 118/15, dans votre livre.

1. On ne peut comprendre les émissions sur ARTE que si on a fait des études.
2. Comme ARTE est une chaîne de télévision européenne, elle a un très grand public.
3. ARTE est une chaîne de télévision franco-allemande que peu d'Européens regardent.
4. ARTE est une chaîne de télévision européenne que beaucoup de jeunes regardent.

b **Pour résumer les idées principales, complétez les phrases.**

sont trop difficiles   gens regardent ARTE
qui répond à tous les goûts   une chaîne de télévision utile

Beaucoup de gens pensent qu'ARTE est ____________.

Malheureusement, peu de ____________. Ils pensent que les émissions ____________. Pourtant, ce n'est pas vrai parce qu'ARTE offre un programme ____________.

Solutions, p. 36–37 du Cahier de solutions

c **Pour donner votre opinion sur l'article, faites au moins trois phrases.**

Je trouve que ___ Je pense que ___
Cet article m'intéresse ___ À mon avis, ___

____

____

____

____

____

Examen blanc

Qui regarde ARTE?

© Fotolia / Sven Bähren

85 % des Allemands et 89 % des Français pensent que la chaîne culturelle franco-allemande ARTE est très intéressante et qu'elle aide les gens à mieux se comprendre en Europe et dans le monde. Mais en même temps, il y a très peu de gens qui regardent vraiment cette chaîne. En France, ce ne sont que 5 % des téléspectateurs et en Allemagne 2 %. Pourquoi? D'abord, parce que les émissions d'ARTE traitent de sujets souvent complexes. Ensuite parce que le public d'ARTE est un public particulier. En effet, ce public se compose, en général, de gens qui ont fait des études, qui vont souvent au théâtre et au musée, qui parlent plusieurs langues et qui sont favorables à l'Europe. Pourtant, le programme d'ARTE propose des émissions pour tous les goûts. Alors, quand regarderez-vous la prochaine fois ARTE?

Aujourd'hui Télé, n°354, 2015

5 **Présentez le texte à l'aide de la fiche d'expression orale, p. 118/15 dans votre livre.**

6 a **Préparez vos réponses aux questions de l'examinateur/l'examinatrice.**

1. Quelle est votre émission préférée?
2. Combien d'heures par jour est-ce que vous regardez la télé?
3. Regarder les informations, est-ce que cela vous intéresse?
4. À votre avis, est-ce que les jeunes et les adultes regardent les mêmes émissions?

56 **b** **Maintenant, écoutez les questions de l'examinateur/l'examinatrice et répondez-y à l'aide de vos réponses de a.**

57 **7** **Écoutez le dialogue et comparez avec vos réponses de a. Si vous avez des problèmes, écoutez encore une fois et répétez les réponses pour vous entraîner.** ▶ Transcription dans le Cahier de solutions, p. 38

Solutions, p. 37 du Cahier de solutions